楊踐形著作集

卷三

卷三目録

時局和平根本問題

戰地鴛鴦

漪蘭戲劇集

國文法句式舉例

時局和平根本問題

上海麵粉交易所
經紀公會捐送（非賣品）

時局和平
根本問題

救世要書　務希注意
無暇自閱　請送他人

萬國道德會滬會特刊

大同先導

黎元洪題

後生先覺

康有為題

大詔皇皇
聖謨洋洋
參贊化育
萬國同光

王士珍祝

道通六合

德化萬方

靈學會祝

萬國道德會總會職員表

名譽會長

王士珍

閻錫山

李佳白

康有爲

王懷慶

副會長

王芝祥

山東副會長

田步蟾

杜秉寅

理事

萬國道德會職員

一

萬國道德會職員表　二

孔令偉　張廣熙　趙戴文　馬燦斌　柯定礎　李子明
劉仁航　蔣魁英　張鴻藻　章文華　陳　完　王鳳五
宋　崑　譚景純　畢永盛　果樹人　陸星齡　葉鳴岐
姜超恒　張玉爽　胡殿試　孫海東　杜延年　郝景星
劉岡清　趙鎮侯　焦國瑞　呂人國　楊銘忠　柳廷敬
修人愷　張荊山　孟廣山　黃紹斌　李慎吾　管　匡
耿蘊空　張知睿　蕭露恩　周文聘　蕭露華　劉化普
譚奎昌　柴雲鵬　黎　淦　李紀元　張繼棠　江鍾秀
劉端一　劉永康

建議人
江希張

滬會正副會長
王芝祥

葉明道
殷明剛
滬南籌備正副主任
汪明甫
湯佩公
屠佑予
蘇州分會籌備主任
徐鏡清
無錫分會籌備主任
楊賤形
浙江杭州嘉興甯波湖州南潯各分會籌備正副主任姓氏表
施　德　倪天覺　王杏生　顧企先　江昌和　許廉伯
朱冠羣　朱元直　陸培之　徐子仁　任善夫　陸正福

萬國道德會職員表　四

郁仁齋　陳蘊玉　戴性慷　錢俊夫　翁榮堂　俞子明

龔理平

贊成人

謝邦濤　姚覺彌　王一亭　汪明甫　沈田莘　顧馨一

葉憲鈞　聞蘭亭　翁寅初　朱少沂　徐詠棠　沈春江

黃庚昇　李紹巖　張孝吉　龍積之　楊了公　丁福保

夏玉峰　孫筱亭　莊少卿　俞閬珊　顧海泉　王蓉生

殷貫脣　羅仕萬　蔡雲程　黃滌之　梅頌先　沈孚霖

蔡韞青　陳一民　崔品三　周才葆　邵雲軒　劉季文

時局和平根本問題目錄

時局和平根本問題目錄

萬國道德會滬會緣起 并頌

易學研究會楊[illegible]彭撰

滬上五方雜居。萬國交通薈萃之區。有能提倡道德。極力宣導。其感化普及甚易。登高一呼。衆山響應。果能若是。豈非世界和平可望。大同景運易成。此上海所以宜設萬國道德會之緣由也。萬國道德會。專倡道德。消弭殺機。匡正人心。挽回世道。以期社會大同爲宗旨。山東濟南總會江希張建議發起。各公團函馳贊成。辛酉夏。政府奬勵。至冬。屠君鳳翔等始設南方總籌辦處于上海西門吾園路。壬戌秋。江君來滬。特開歡迎大會。江君演說。殷君明剛引伸其旨。發揮餘蘊。一時簪纓之會。于斯極稱盛焉。既而屠君復就分會于南潯。無暇兼顧滬會。成立三年。時機未熟。發展未盛。殷君素以道德爲己任。日虞隕越。經屠君函託維持。遂發擴充宏願。在甲子大成節後。重新組織。力求完善。當茲戰雲瀰漫。飽受痛苦之餘。人心厭亂。反省道德。易生覺悟。正氣運方轉之機也。汪君明甫素稱熱心公益。對此極表同情。發願擔任滬南籌備事務。此後滬會發展。前途未可限量矣。夫敦風俗。保治安。正人心。杜亂源。非崇道德不爲功。小則有益身心。大則可裨家國。纘孔門之一貫。臻世界于大同。所望乎後來者責任至重且大也。爰識緣起。並爲頌曰。

美哉道德　萬古常新　大同先覺　東魯之濱

萬國道德會滬會緣起　二

尼山木鐸　覺世牖民　凡有血氣　莫不尊親
化行俗美　共祝里仁　既榮天爵　百福駢臻

上海萬國道德會頌詞

地球面積　其國有萬　惟道與德　則一以貫　教宗不同　其旨則同
心理不異　天下爲公　孔聖教法　文行忠信　佛耶道回　皆尊德性
寄象鞮譯　中外大通　和平世界　永弭兵戎　厥有神童　江花五色
著書滿家　專言道德　立會布教　畛域不分　東西南朔　法德俄英
春申之濱　輾轂輪軌　四海可達　應立盛會　明剛殷子　直諒多聞
力崇道義　佐佑厝君　乃啓文壇　乃召學侶　公布其書　不吝取予
琳瑯萬卷　衣被萬人　何分新舊　道立德明　天下一家　在邁斯道
世際昇平　自他有耀

桂林龍文心拜上

修身以道　修道以人　克明峻德　其德日新
惟道與德　作善之準　世界萬國　莫不尊親
聖經賢傳　教化諄諄　無非道德　逐一開陳
刊書紹介　易使遵循　勉盡心力　廣勸同人

汪明甫祝

東魯垂訓　泰岱北辰　紹聞衣德　性道佩紳
麟書一卷　席上之珍　移風易俗　覺世牖民
普化萬國　六合彌綸　君子務本　在修厥身
止于至善　秉立達人　篤守聖教　爲積傳薪

湯佩公祝

正誼明道　萬國同尊　一貫之傳　入德之門
聖賢爲範　風厚俗敎　晨鐘暮鼓　聲振乾坤
申江滬會　已歷數春　規模粗具　時刻思存

萬國道德會滬會頌詞　三

萬國道德會滬會頌詞

四

從今擴充　培植深根　得人弘道　發展可論

屠佑予祝

大學之道　在明明德　義路禮門　萬世表式

法學士華洋律師陳瑞麟祝

修道爲教　進德是馨　彝倫日用　各有常經
所學何事　在踐人形　齊賢希聖　永樹芳型

梁溪楊宇靑祝

萬國道德會滬會簡章

國家治亂、視乎風俗。風俗善惡、由於人心。人心邪正、關乎道德。邇來人心變幻、道德淪亡。以致暴棄天職、逾越軌範。妄競邪智、動釀詭習、逞私欲之橫流、置公理於不顧。循茲以往、匪特爲文明進化之障礙、刼運擴張之動機。實足以破壞紀綱、斲喪人道。嗚呼、禮義廉耻、國之四維。四維不張、其何能國。國民欲享眞正自由之幸福、須有眞正自治之精神。眞正自治之精神、即崇尙道德是也。

是故萬國道德總會、憫世界正義之頹亡、社會人心之墮落。力倡正學、亟挽狂瀾。特設斯會、爲天下倡。其宗旨在闡揚道德、其目的在救正人心。無門戶主奴之權、無新舊中外之爭。鎔孔老佛基回五教於一爐、昭天人於一理、實開後世正誼眞宗之一大關鍵也。同志等秉斯宗旨、力事鼓吹。復鑒於滬地習俗綺靡、淫蕩成風。爰特組織滬會、共同策勵。各盡天職、藉以維挽人心、糾正風化。務使人人咸知道德、不昧天良、則道德主義、愈推愈廣、世界共進大同、詎不懿歟。尙望男女同胞、各發熱誠、互相勸助、俾黑暗社會、大放光明。是則同志等所無量慶幸者也。

一　名稱　本會定名爲萬國道德會滬會。

一　宗旨　本會以昌明道德、救正人心、改良社會、促進大同爲宗旨。

一組織　本會之組織設正會長一人、副會長一人、主持會務。名譽會長、暨董事評議等無定額、並設總務編纂會計文牘交際庶務六部。分任各項事宜。其會長暨各職員、均須以道高望重熱心公益及經驗宏富者推任之。

一會員　本會會員、不分種族門戶之畛域。中外男女人士一律歡迎。凡贊成本會宗旨、並能恪守本會規則者、經會員二人之介紹、即可入會爲本會會員。本會規則如左。

(一)有大同觀念者。

(二)注重道德者。

(三)務正當職業者。

一會期　本會每年開大會一次。每月開常會一次。如有特別會議、由會長臨時召集之。

一事業　本會事業、依據宗旨、分爲下列四部。

一崇闡部　凡對於孔老佛基回五教之典章、古今中外有關道德之學說、及促進文化之正論。均提出研究、推行社會、以資揚闡。

一獎勵部　凡關於社會人民之懿行美德、及孝義節烈行爲、舉有一善之稱、皆在表揚之列。

或由本會採訪或由個人陳報、當卽力爲宣揚、並代呈官廳及政府旌獎、以資鼓勵。

一宣講部　本會審定道德要旨、正義學說、由會員分任宣講外、並請中外名宿莅會演講、及編輯道德叢刊發行。

一振濟部　凡關於天災人禍之危難、及一切慈善事務。本會槪爲舉行、亟力救濟。

一經費　本會經費、由會員量力酌助。其有贊成本會宗旨、樂結善緣、襄助本會經費者、本會一律歡迎、當認爲本會贊助會員。其關於舉辦慈善事務、及救濟災祲等項、得臨時酌量情形、由各大善士隨願援助。

一懲戒　凡會員有違背本會規則、及非道德行爲者。經本會查明確實後、卽行宣告除名。

一附則　本簡章如有未盡事宜、得隨時修改之。

萬國道德會泥會簡章

四

時局和平根本問題之通告

和氣致祥、乖氣致戾。這兩句話。是說有種氣化製造成功的。氣是心之所化。人心一日一夜有幾萬思想。就有幾萬呼吸。人人的思想善。呼吸的氣就善。善自然就凝結爲和氣。和氣就發揚爲和風。爲甘雨。爲慶雲。爲景星。人人的思想惡。呼吸的氣就惡。惡自然就凝結爲戾氣。戾氣就發揚爲水火。爲刀兵。爲瘟蝗。爲饑饉。最甚就爲天變。爲地震。你看近年的時局。水火刀兵、瘟蝗饑饉。天變地震。鬧成個甚麽世界。因爲人人不知警醒覺悟。所以直隸的旱災。水災。山東的水災。餓死淹死了幾十萬人。奉直連次的戰禍。閩廣的戰禍。川楚的戰禍。雲貴的戰禍。陝西河南山東的戰禍。匪禍。以及近來江浙的戰禍、殺死害死。又有幾十萬人。令人痛心酸鼻。涕淚滂沱。慘不忍睹。恨不忍聞哩。更有前年甘肅的地震。日本的地震。山移城挪。屋飛樓揚。兩共足足死了八十餘萬人。又有浙江前番的水災。傷害了七十餘州縣的寬大。至那汕頭地處。風災水災。尤烈。一朝一夕間。死亡人數。竟達十萬之多。這些種種奇異的災難。仔細想來。無非是人心壞到極處。惡到極處。所致的乖氣呢。恐怕這些災刼還不算什麽事。將來那些災難。尚有比這個大的重的。或十百千萬倍呢。試看基督教新約啓示錄中所載有饑荒死亡。併地大震動。日頭變黑色像毛布。滿月變紅色像血。天上的星辰墜落在地上。一切山嶺海島都挪移離開本位。地上的人類。都藏在洞裏和山的磐石裏。因爲上天忿怒的日子到了。誰能站得住呢。又載着有雷轟大聲雹子和火攙着血被丢在地上。地的三分之一被燒了。又載着海的三分之一就變爲血。海中的活物死了三分之一。船隻也壞了三分之一。又載着那蝗虫的形狀。好像豫備出戰的馬。就是孔教的春秋上所記。日蝕星隕山崩地裂雨雹雨石。以及六鷁退非。晝晦及恒星不見各事。與易經臨卦所言。至于八月有凶。雖然說的是當時列國災難。也是說的將來比這更大更重呢。其餘再拿道藏佛藏以及回教諸經來看。如此說法也很有的。本會同人敢說將來的災難。恐怕還比今年更大更重的十百千萬倍萬萬倍呢。不過是今年的災難。上帝好生爲心。不忍不教盡殺。特特的先露出些端倪來。令人人皆驚醒覺悟。知過改過。可惜人人依然春夢未醒。仍是姦盜婬殺。一點也不悔改。到了無可奈何的時候。你想這紅腫巨瘡。能不請個醫生來開刀。使膿血潰流。教他大大的受一番痛苦麼。咳。上帝是全球萬國千五百兆人的總父母。世人是其子女。子女有了罪孽。自然極端惱怒。倘因警戒教誨。能覺悟改悔。自然又極端歡喜。豈肯立降災殃。以應易經所云八月有凶呢。此次的江浙戰爭。正是恰合易經八月有凶之說。上天發出警告。要你們警醒覺悟着哩。以前的災刼雖過。

但是來日正長。諸君有什麼好方法。可以避免日後的災刼呢。災刼呢。如欲免去日後的災刼。必須有事前的覺悟。以進備之。尤必須人人有自覺的方法。以消弭之。書經上曾說的明白。火炎崑崗。玉石俱焚。大凡論事。皆是以多數爲權衡。譬如十人中。有七個善人。三個惡人。這七個人善氣所發揚。自然能致一切吉祥。其那三個人的惡氣。爲這七個善人的善氣所融化。縱有小小的災患。也不害事。倘十人中有七個惡人。三個善人。這七個惡人的惡氣所發揚。自然就招一切災戾。其那三個人的善氣。爲這七個人的惡氣所掩蔽。縱有微微的福慶。也無益于事了。本會同人見到此處。于是皆發了濟時狂熱。消刼愚誠。想着教全球萬國。皆速速提倡道德。速速改過遷善。併勸人人改過遷善。以回天怒。如詩經上所言的。敬天之怒。無敢戲豫。敬天之渝。無敢馳驅。昊天曰明。及爾出亡。昊天曰旦。及爾遊衍。相與戒愼不覩。恐懼不聞。人人皆諸惡莫作。衆善奉行。自然千五百兆人思想的心皆善。千五百兆人呼吸的氣就皆善。千五百兆人呼吸的氣既皆善。自然這水火刀兵瘟蝗饑饉。與天變地震。一切不可思議不可言說的大災大難。就自然化爲無有了。總之千五百兆人之心善。千五百兆人之氣即善。善則和。和則致祥。是非上帝有心去生生。乃千五百兆人自生生。千五百兆人之心惡。千五百兆人之氣即惡。惡則乖。乖則致戾。是非上帝有心去

時局和平根本問題之通告　四

殺殺。乃千五百兆人自殺殺。世人其速醒悟。罷否則人亂不已。天怒難回。大刼一到。無論多少生命財產。同付灰燼。到那時候。纔出來抱佛脚。不也晚了嗎。須知提倡道德。不是救人家。乃是救自家。不是救天下萬世。乃是救自己一身一家。這種方法。正是消弭浩刼之唯一要義。造成時局和平之根本問題本刊所載各篇均根據本問題而發揮。其中每篇有每篇之精義。閱者諸君欲求眞正和平之解決。請在本刊各篇從頭至尾詳細讀之。方不負本會諄諄勸告一番苦心。使得人人自能覺悟。則和平。幸福。不難立致而待。幸諸君互相勸勉。廣爲感化。萬國幸甚。本會幸甚。

演講錄

美國博士李佳白先生演說詞

余生平很好合大衆研究道德。很好與大衆實行道德。很好向大衆演說道德。然余於本會。并沒盡何等力量。并沒盡何等職務。蒙大家推爲名譽會長。我不禁汗愧的很。現在由中及外。舟車所至。霜露所墜。凡有血氣者。所缺乏目爲何。就是道德二字。所以由中及外。舟車所至。霜露所墜。凡有血氣者。莫不龍蛇起陸。戰殺蠭起。爭城以戰。殺人盈城。爭地以戰。殺人盈野。殺人至數千百萬之多。而無有窮極。如英法德俄等國。莫不如是。今大家在優勝劣敗。弱肉强食。槍林彈雨的空氣中。提倡道德。設立萬國道德會。以消弭戰殺。挽回世道。栽培人心。造福於中國。造福於萬國。余更是無任贊揚的很。余所以贊揚中國處。就因爲世界五大教。就有孔老兩大教。出自中國。孔教中有畏天命。畏大人。畏聖人之言。今日吾們說的就是畏聖人之言。又大學之道在明明德。蓋大學乃爲入德之門。而入德又在乎明個人之明德罷了。余來中國四十年。自二十三歲讀儒書。願學孔子。乃見孔道包括殆盡。明德一事。小之則攝於毫釐。大之則彌於六合。如物格而后知至。知至而後意誠。意誠而後心正。心正而後身修。身修而後家齊。家齊而后國治。國治而后天下平。實在說得至矣盡矣蔑矣加矣。中庸又說天命之謂性率性之謂道。修道之謂教。乃見教在後而道在先。道在後而性在先。性在後而天在先。故天是獨一無二的了。然道也者不可須臾離也。可離非道也。天道爲本。人道爲末。古人說道原於天。其實體備於己。確是不差。總括以上所說。就是中和二字可之盡之矣。什麼是中。不偏之謂中。什麼是和。不戰之謂和。且中爲天下之大本。和爲天下之達道。現在中國所缺乏的是什麼。就是一個和字。和就是天下之達道。所以鬧的南與北戰。北與南戰。又南與南戰。北與北戰。一團殺氣。衝天絕地的起來了。若想消弭中國的戰殺。非以和字講求不可。宋儒曾說道之大原出於天。德出於道。怎麼說的講求道德之心。誰不如我。惻隱之心。人皆有之。羞惡之心。人皆有之。辭讓之心。人皆有之。是非之心。人皆有之。人之有此四心。雖是成德之源。亦是天命之性。然則德出於道。道出於天。可以明白了。道不離天。天不離道。吾人不能離道。即是不能離天。老子所謂道。孔子所謂天。觀老子道德經中。將道德精華活潑的完全寫出。言理詳盡。無微不至。孔子老子生在中國。爲世界的兩個大聖人。成立了世界的兩大宗教。爲世界造了無窮的幸福。這是我所贊揚中國處。現在我勸大家作個道德之人。使你的家庭成個道德的家庭。使國家成個道德的國家。使世界成個道德的世界。這是我贊成道德贊成道德會。贊成萬國道德會的本意。若是學孔而不行孔之行。學耶而不行耶之行。學老而不行老之行。學佛而不行佛之行。學回而不行回之行。那全是假的。空的。不是聖人之徒的行爲了。今衆位提倡道德。遊行講演。不遺餘力。果能不屈不撓。勇往直進。鼎力提倡。將來中國不難旭日高昇。世界不難受福無疆了。

江建議在錦州道德會演說詞

鄙人不敏。於九歲時。曾建議創設萬國道德會。以挽戰殺浩劫。又手擬籌備萬國道德會章程十二條。內容聲明於甲子乙丑年。擬請孔老佛基回各教主之承襲嫡裔及各會長。并各提倡道德機關之名公偉人。碩學通儒。周流中國各地講演。鄙人於民國十二年夏。曾面請本會各會長。於甲子乙丑年親赴各地講演。各會長多以年老力衰。不能僕僕風塵爲辭。鄙人當即與會中同人。組織道德日報。請各會長皆親撰演說詞一則。并其像片。須給本會。印登日報。以代周流講演。現各會長多已寄至演詞并像片。業經一一印登。而會中同人以本會係由鄙人建議創設。復敦促鄙人撰一演詞。以隨諸公之後。鄙人不文。於本年暑假期內。特先往東三省分會接洽一切。而分會約不下數十處。交通不便。碍難一一俱到。至哈爾濱。以會場內外人數到者約有五六萬之多。

警廳登臺對衆報告。謂到人過多。擁擠太甚。礙難講演。至黑龍江省城。僅在道德會講演。未暇公開大會。四方到者多以爲憾。又實有負綏化扶餘拜泉哈爾濱黑龍江省垣各處歡迎盛心。暨各處官紳極力保護至意。抱歉之處。莫可言狀。矧熱河朝陽縣分會尤屢函電總會。敦催鄙人前往。幷派代表數人到總會。及到錦縣車站迎送數次。且蒙朝陽鎮守使幷縣長出示令各營哨鄉團保護。鄙人尤感激莫名。思奮力就道。以答各官紳及各分會殷殷至情。誰知鄙人身體本弱。加之酷暑之際、周歷三省。到處長官鉅紳及父老兄長諸姑伯姊不恥下問。幾如山陰道上。迎接不暇。每到一處。不棄而枉顧者或數千人數萬人不等。因之酬應過繁。積勞致疾。速往北戴河養痾。未能踐約至朝。尤屬疚心。不能自白。今敢借貢一言。略作芹獻。尚乞諸君子賜教焉。竊以本會名爲道德會。且爲萬國道德會。夫道德必如何解釋。而後人始了然於心而無一疑義乎。孔子曰。志於道。據於德。中庸曰。率性之謂道。道也者。不可須臾離也。大學曰。在明明德。又曰。明明德於天下。請先就道字解之。而欲解道字。必先解性字。性字究如何解釋。性非他。天命之謂。自來註中庸者。於天命之謂性一句。皆將命字講作令字。即鄙人前註中庸。亦未能出此範圍。究之。此句講不明白。天下萬世人人實無入道德之門。何以言之。凡事人必先知之眞。而後能行之篤。未有知之不眞。

猶在疑似之間、而行之即能篤實。已造究竟之詣者也。然則天命之謂性一句、果何解乎。請爲大家明解之。此處命字、不當令字講。當載字講。載即主宰之謂也。中庸末章引詩所謂上天之載無聲無臭是也。且又引詩云。維天之命。於穆不已。又論語云。五十而知天命。畏天命。又易經云。窮理盡性以至於命。凡此皆主宰之謂也。并無一處講爲令字。命字離天而言。或有當令字講之處。命字合天而言。決不能當令字講。天命二字。即天之主宰之謂也。子思子所處時代。凡人之言性者。甲以此爲性。乙以彼爲性。其說種種、不可枚舉。子思子欲明道於天下萬世。乃引孔子之言以定之曰。凡時人所言如何謂性。如何謂性者。皆非性之眞詮。惟天命乃謂之性。顯言之。即天之主宰之謂性也。天之主宰。非即上帝乎、上帝方謂性、何以言之。性無中外。無古今。無人物。統古今內外人物皆是一性之所總持、以故鄙人嘗謂性是天地萬物公共的。只有一個。并無其二。而魂則人人物物各有一個。其數無量。並非如性之獨獨一個。性者不生不滅。不垢不淨。不增不減。魂者有生有滅。有垢有淨。有增有減。人不惟與人是一個性、即與物亦是一個。人物皆一性之所總持也。物不待詳言矣。請言人。人骨肉之身。乃是死物。並不能知覺運動。所以能知覺運動者。魂也。魂亦不能自爲知覺運動。而所以使魂能知覺運動者。則性也。性即天命也。天命即上帝也。上帝不在

演講錄　六

人身軀之外而在人身軀之中。人與上帝非離而爲二乃合而爲一也。人即上帝。上帝即人。人離上帝則一死物不能知覺運動。而游魂爲變矣。人身賴魂以知覺運動。魂賴性以使其知覺運動。苟離性則魂不能自爲知覺運動。魂猶月。性猶日。月本無光。借日之光以爲光。魂亦無光。借性之光以爲光。魂附性則能知覺運動而爲人。魂離性則不能知覺運動而爲尸。人之所以生者以性也。非以魂也。故性字從心從生。魂字從云從鬼。人能呼吸空氣則生。不能呼吸空氣則死。魂來身則能呼吸空氣而生。魂去身。則不能呼吸空氣而死也。是知魂附性則生而爲人。魂離性則死而爲鬼。猶之魚附水則生。魚離水則死也。性又譬之海水。魂又譬水中之浪。水被風激則有浪。風止浪停而水不滅。性又譬之天空。魂又譬之空中之花。空適緣至則有花。緣去花無而空仍在。故嘗謂人死而性不死。以性無死。人死而魂亦不死。以魂亦不一生即死也。不觀人之播弄傀儡以爲戲劇者乎。傀儡之手舞足蹈。非傀儡能手舞足蹈。乃線索牽動之也。線索非自能牽動。以幕中有人暗爲牽動之也。且幕中僅有一人手使線索。即能使全臺傀儡皆能手舞足蹈焉。夫性即牽動傀儡之人也。魂即傀儡之線索也。骨肉之身即傀儡也。緣古今中外無量數人骨肉之身皆一性之所牽動也。即皆一上帝之所牽動也。魂不過其線索耳。一人一線索。即一人一魂之明證也。幕內一人能牽動全舞臺傀儡同手舞足蹈。即一上帝能牽動古今中外人人同手舞足蹈之明證也。以故人之死也非上帝之絕人。乃人之絕上帝也。猶之舞臺上傀儡有一線索偶斷。幕中人雖欲牽動之使其復手舞足蹈而不能矣。此釋迦佛覩明星而悟道時所由歎曰奇哉奇哉大地一切含靈。皆有金剛法性也。夫佛說金剛法性非即儒道基回各教之所謂上帝乎。是知釋迦見性。即見上帝也。即見天命也。孔子曰。知天命。又曰。畏天命。夫畏之必先知之。知之必先見之。大學子曰。顧諟天之明命。顧即見也。吾輩庸人。未能見性者。良由道眼未開。耳道經云。汝等欲見上帝而不可得者。緣汝等尚于身口意三業之淫殺盜綺語妄言兩口惡舌貪嗔癡之十惡尚未淸淨。由是障故不能得覩上帝慈顏。夫斷障之法。當生大慧。無起疑惑。無起貪嗔無起婬慾。無起嫉妒無起殺害。無起凡情。無起凡思。無起聲色。無起是非。無起憎愛。無起分別。無起高慢無起執着。凝心澄慮。萬神調服。心若太虛。內外貞白。無所不容。無所不納。道眼既開而後得覩上帝慈顏。然則鄙人今解中庸謂天命即是上帝。不惟證之孔子本人之言。確無疑義。即證之佛道之言。亦確無疑義矣。上常無所不知。無所不能。無所不見。無所不聞。子既以爲人即上帝。何以人不能無不知能見聞乎。曰。子未能完人之量。故不能無不知能見聞。倘子果能完人之量。則自無不能知能見聞。

有斷然者。孔子非亦一人乎。何以能聰明睿知。孟子非亦一人乎。何以能美大聖神。老子釋迦基督穆罕非亦一人乎。何以能三身四智五眼六通。與一切神通變化。令人不可思議不可捉摸。所以然者。孔孟老佛基回能完其爲人之量。將其個人獨具之魂煆煉之堅固之。俾其與人人公具之性合爲一體。永永不與性脫離關係。以故上帝之知能見聞。即孔孟老佛基回之知能見聞。上帝無不能知能見聞。孔孟老佛基回亦無不能知能見聞也。吾輩庸人。不能完其爲人之量。將個人獨具之魂煆煉之。堅固之。俾其與人人公具之性合爲一體。永永不與性脫離關係。故半智半愚。亦迷亦悟。有所見聞知能。有不見聞知能。其餘惡人則不惟不能完其爲人之量。併將其個人獨具之魂戕賊之。斲喪之。致其與人人公具之性。愈離愈遠。脫離關係。不但無不能知能見聞之造詣。萬勿僥倖。即如吾輩庸人。有所知能見聞。有不知能見聞之技倆。亦且喪失。上月鄙人在奉天錦縣會場演說。大意謂人必實行道德。保住人人公具之靈性。然後可免去個人獨具之靈魂痛苦。即此故也。惟惜爾時以時間過促。未暇將此所以然之理發明盡致。俾無漏義。茲請爲大家補錄焉。性爲先天。魂爲後天。性爲先天無形無量之金。無量數刦不壞。魂爲後天有形有量之金。十二萬九千六百年一刦即壞。先天無形無量之金。渾然而爲人目所不可以見。見人心所不可以思思。後天有形有量之金釐然。而爲人目所可以見見。人心所可以思思。先天之金難言之矣。後天之金可略言也。大凡後天之水易變。遇熱則成汽。後天之火易變。去薪則成灰。後天之木易變。火之則成炭。後天之土易變。燒之則成磚。而惟後天之金。則雖經百煉不變也。夫惟不變故能長存。亦能歷十二萬九千六百年一刼不滅。人身之魂。即後天之金光也。究此人身後天一點金光。果何自來。曰。仍從先天無邊金光之所發出而已。但一經發出之一點金光。則有生滅垢淨增減矣。有生滅垢淨增減。而聖神仙佛庸愚凶頑因之判矣。要之。先天一性之妙。全在易之河圖水爲五行開先。然生水者却是金。是大造以金爲原始也。此先天金無邊之光。發出一點。落於人身便爲魂。人必有此魂。方能與性相遙接。而不斷絕關係。猶之傀儡必賴線索。方能手舞足蹈。而不與牽動之人斷絕關係。身與性固賴魂以爲介紹也。人魂絕則性不能牽動其身。而爲一死物矣。羲皇作易。剖開太極。劈破天心。最初落下一點。便成乾卦。乾爲天。孔子說之曰。大哉乾元。萬物資始。乾爲金。孔子說之曰。大哉乾乎。剛健中正。純粹精也。乾即中庸所謂天也。元即中庸所謂命也。乾元即中庸所謂天命也。天命之謂性。亦可解曰乾元之謂性也。夫乾元非即先天無邊金光圓陀陀然。明爍爍然。淨灑灑然。赤烱烱然。爲人人本來面目。而各教所謂無先無尊之上帝乎。宇宙萬有。無論何者皆不得謂之性。而惟上帝方謂性也。上帝表現於物。則爲金木水火土之五行。上帝表現於人。則爲仁義禮智信之五常。行者行也。一刻不能止息。常者常也。萬古不能變遷。五行與五常相表裏。人皆知肉體必賴食五穀以生。不食則餒。久不食則死。曾知靈魂亦必賴食五常以生。不食則餒。久不食亦死。孟子曰。言飽乎仁義也。又曰。配義與道。無是餒也。其明證也。人能保守性之仁。擴充性之仁。則能受木之福。而不受木之災。人能保守性之義。擴充性之義。則能受金之福。而不受金之災。人能保守性之禮。擴充性之禮。則能受火之福。而不受火之災。人能保守性之智。擴充性之智。則能受水之福。而不受水之災。人能保守性之信。擴充性之信。則能受土之福。而不受土之災。總之。人能實行五常之道德。則能獲五行之福祿。而不遭五行之災害。今天下何如乎。今天下之人何如乎。惻隱之心不存。則失其性之仁矣。失性之仁。能不受木之災乎。羞惡之心不存。則失其性之義矣。失性之義。能不受金之災乎。辭讓之心不存。則失其性之禮矣。失性之禮。能不受火之災乎。是非之心不存。則失其性之智矣。失性之智。能不受水之災乎。誠實之心不存。則失其性之信矣。失性之信。能不受土之災乎。宜乎近年以來。全球萬國。水火刀兵。瘟蝗飢饉。與夫天變地震。一切奇災異禍之迭臻併至也。然則人欲免去個人靈魂之痛苦。必先保住人

人共具之靈性無疑矣。其故以性即上帝。上帝表現于人。即爲五常。人苟不失仁義禮智信之五
常。即爲不絕上帝。能保住靈性。自然與上帝同在光明天國。共享極樂幸福。而免去靈魂深墜黑
暗地獄。備受無量痛苦。良由靈魂之樂。先天無形無限之樂也。肉體之樂。後天有形有限之樂也。
今請略舉一二。以備大家深思有得焉。如于人極困難時。解衣衣人。推食食人。或讀書久不解悟
其理、一旦豁然貫通。併向人告語。俾人亦豁然貫通。與印送善書於人。俾人一律悔過遷善。嚴事
上帝。其樂在當時。每有不可言喻者。即後日追憶之。依然快足於心。而無一滯礙。此樂之屬於靈
魂。爲永久者也。如飲食男女肉體之樂。或稍過度。而疾病即隨之。是樂即改爲苦因矣。此樂之屬
於肉體。爲暫時者也。先天之樂廣而久。後天之樂隘而暫。後天有形有限之樂、較之先天無形無
限之樂。相去殆不啻什百千萬億兆無量數倍。人又何苦窮極華洋車馬宮室飲食衣服。以逞肉
體隘而且暫之樂。以致互相爭奪戰殺、成此極惡極危最痛最苦之世界也。其大惑不解、亦爲達
於極點矣。倘人如再弗悟。上帝施以冥頑不靈之誅。竊敢斷其無一能倖免也。胡今天下之人。誤
信過新學說。遂竟割棄無量數劫不壞之靈性。與夫十二萬九千六百年不壞之靈魂。而祇謀及
數十年最短骨肉之身。僅僅講極端奢侈華洋車馬宮室衣服飲食。以衛骨肉之身之生。不知實

行道德。以保住人人公具之靈性。而免去個人靈魂無量痛苦。俾得永永長生乎。鄙人自九歲卽建議創設萬國道德會。無非欲全球萬國人人實行道德。以保住無量刧不壞之靈性。免去十二萬九千六百年之靈魂無量痛苦。較徒講華洋車馬宮室衣服飲食以衛數十年最短骨肉之身之生者。相去天淵而已。此鄙人今日所以急急與諸公籌辦萬國道德會之苦心之深意也。萬國父老昆長諸姑伯姊幸賜覽以匡不逮焉。萬國幸甚。中國幸甚。諸公幸甚。鄙人幸甚。

本會理事張臨安先生書江建議演說詞後

按江建議此則演詞。大聲疾呼。以歌當哭。垂涕泣而道。極痛切。極明了。俾人於言下頓悟。立出黑暗地獄。而登光明天國。其警切動人處。殆有似告子篇孟子發明心性諸章。竊以孟子之時。上無道揆。下無法守。朝不信道。工不信度。君子犯義。小人犯刑。國之所存者幸。孟子思於根本上解決時局。故發爲告子篇諸章心性之論。俾人深省。奈近世紀來。歐洲科學昌明。物質進化。影響於我國。變更學制。力趨維新。矯枉失正。不惜將祖國數千年固有之文明。擯棄剷除。澌滅殆盡。弗顧中國國性若何。風俗習慣若何。歷史沿革若何。一意變本加厲。張冠李戴。道德廢絕。廉恥掃地。戰殺糜爛。盜匪猖獗。五常不講。五行失敍。遂至受天五刑。如水火刀兵瘟蝗饑饉。與天變地震。一切奇災異禍相因而至所謂乖氣致戾理有必然無足怪者而推其致病總因則由十數年來過新之流。提倡廢讀孔經使人人離却道德範圍。於是人禍天災。一時齊發全國中無安居樂業之一日。殆較之孟子時爲尤甚矣江建議於講演詞內。推明道德之原原於中庸天命之謂性一語。以性爲人人公具的以性爲個人私有的。以性爲先天無形無量之金。以魂爲後天有形有量之金一而二二而一。立論精確不磨。俾人共知金不壞。魂亦不壞。人不能見魂。人無不能見金。金既實有。魂定非無。以破過新學家人無靈魂之謬說。庶於共講肉體衛生外。併知保重靈魂靈性。所以然者。自新學人無靈魂之說倡。人始肆然自放。爭圖目前之快活。窮華洋之車馬宮室飲食衣服極端奢侈。以慰其慾性無厭之樂。而視聖賢所謂道德仁義禮智信等等。皆爲種種桎梏之具。於是範籬盡去。而禽獸之行徧天下矣。誠以人旣確無靈魂。則生前之行爲。無關身後之果報。人又何苦於數十年最短期內。而不自恣其無限慾性。以取快暫時哉。此所以其說一出。全球風靡。釀成二十世紀互相爭奪戰殺最大最烈之惡果也。其故緣欲縱慾性。非有金錢不可。欲有金錢。非爭權利不可。爭則戰矣。戰則殺矣。江建議從根本上將此說攻破。而人身確有靈魂之說。從此復成立矣。靈魂成立。宗教始成立。宗教成立。道德始成立。道德成立。國方能治天下。方能平國治天下平。吾儕小民方得安居樂業。江建議眞能於根本上解決時局。反覆說來。石破天驚。從未曾有。末復推及近今以人五常之變遷。因感受天之五行之變遷。使人知中國受禍原因。皆由廢棄人道。漠視孔經所致。誠所謂菩薩低眉。勝似金剛怒目。蓋作者有悲天憫人之願。發爲啓瞶震聾之文。思以喚醒無量同胞於夢寐中。引之於孔孟中正道德之途。俾知聖經隻字片義。皆有關天下萬世安危。所謂君子反經而已矣。經正則庶民興。庶民興。斯無邪慝矣。此其故也。或謂江建議言性。既是一個。併無其二。然則犬之性。猶牛之性。牛之性。猶人之性與。孟子何爲以此詰告子歟。曰性有先天後天之分。先天之性。不惟犬牛與人是一個。即草木與人亦是一個。江建議所言性祇一個。併無其二。係就先天無分別之性言也。非就後天有分別之性言也。先天無分別之性。仍即江建議引孔子所言大哉乾元。萬物資始是也。夫既云萬物資始。是不惟人資乾元爲始。即犬牛亦資乾元爲始。且不惟犬牛資乾元爲始。即草木亦資乾元爲始矣。孟子所言犬之性不同牛之性。牛之性不同人之性。係就後天有分別之性而言也。即江建議所言之魂是也。一人固自有一魂。即犬牛亦自有一魂。夫人之魂異於牛之魂。牛之魂異於犬之魂固也。即惡人之魂亦異於庸人之魂。庸人之魂亦異於賢人之魂。賢人之魂亦異於聖人之魂矣。然則江建議所謂先天無分別之性。並無生滅垢淨增減。後天有分別之魂。始有生滅垢淨增減。豈不然哉。聖神仙佛庸愚凶頑。不因先天之性爲分判。實因後天之性爲分判也。即實因後天之魂爲分判也。子又何得以江建議之言性。爲同於告子言生之謂性乎。願有扶持世道挽救人心之大君子。將此演詞印佈數十萬。及數百萬數千萬不等。以力挽現世之人心。俾人人皆將此理印入心目中。自然良心日生。道德日長。爭奪日少。戰殺日息。人心轉移。天心挽回。一切水火刀兵瘟蝗飢饉。與夫天變地震一切奇災異禍。自消化於無形矣。斯誠救世偏寶光大地之警鐘也。誠以中外幅員如彼之廣。道里如彼之長。江建議氣體素弱。乘在大學肄業。實難徧歷各處。盡人而告語之。此固出於勢之所不能而爲人之所無可如何者也。近各分會以本年江建議於暑假期內。先往東三省遊講。到處長官鉅紳。無不嘉許。如張總司令。張副司令。吳副司令。前鮑總長。暨吉黑兩省長。與各廳長道尹縣長師旅團營長。均予極力保護。優禮逾恆。至兵農工商各界。尤殷殷歡迎。所至之處。執旗奏樂。若惟恐後者。倘非平采言論。實有足令人悅服之處。胡爲能感人以至於斯耶。亦必欲邀請一到其境。以慰大衆生平渴望之殷。其意固甚可感。其請實難盡允。況江建議迫不得已。縱能親往。設再如哈爾濱以到會場人數太多。不能開講。且欲遙望顏色。亦往往不得。又將奈何。倘蒙各分會將此演詞。廣爲流通。倂江建議肖像製成銅版。印登演詞之首。多多送閱，俾山陬海澨。窮鄉僻壤。男男女女亦得瞻其丰采。聆其言論。皆了然於此理之不可破。自不爲過新學說所誤。則一轉移間。便默爲全球造無量無邊之幸福。而最重最烈戰殺之世界。因之速挽。其不識字不解文之人。可由熱心通俗講演家與之明白解釋，剴切指點，較强邀江君到境。以人多不能開講。與不得望見顏色者。收效之多。殆不可以道里計。如是則江建議可省跋涉之勞。各分會亦可省供應之費矣。一舉兩得，何便如之。尚望各分會之俯採芻蕘也。萬國道德籌備總會理事張知睿謹跋

殷明剛先生演講稿

原夫道之出于天。俾人共由。永爲世俗法典。遵守勿踰其閾。是故古之聖王制禮作樂。皆法乎天。欲人之心平氣和。性靜情逸。怡然滛樂。敦然謙虛。正而直。公而良。勤而儉。愛而恭。去其奸詐之私。禁其恃勢之爭。勿爲無益之害。毋憚己過之非。仁而廣被。藹若可親。俾天下之人均沾化育。其心若天地之心。以爲心。其氣亦若天地之氣。以爲氣。如朱子禮之中庸篇注云。吾之心正。則天地之心亦正矣。吾之氣順。則天地之氣亦順矣。此道之本原。合乎天地。故易之文言曰。與天地合其德。與日月合其明。與四時合其序。與鬼神合其吉凶。此言道之爲物。無不包括六合之中。渾然天理。

無不出乎道字之外。道之所以爲廣大莫及矣。世俗之衰。去道愈遠。其道愈湮沒而不彰。其德不顯。則反古之道。日事爭攘。爲民日尙貨利。孳孳不倦。習成交易賭博性質之人民。日趨月盛。演爲局勢之詐欺。爲政獵利而求名。不知何物爲廉恥。若有鄰境嫌隙。日尋干戈以報仇讐。且不知止。亦不知匡救補過。以遏方來。竟使大好山河。險作陸沈之禍。孟軻有云。上下交征利而國危矣。然古之聖賢。至于今。略有二千三百餘年。國雖不國。聖賢典要之書。流傳于茲。猶稱國之至寶焉。可見道之系統不絕如綫者。有堯舜禹湯文武周公傳之孔孟。孔孟傳之于今。其道之不修。由是若存若亡之間。士不重古之道。且好歐風西來。謂之美德。于是士不重孔之道德。焉能俾民聞風而興起。爲商因之歐化之是求。我華國政日移而月改。亦惟歐風之是求。可謂善變國俗矣。惟今之世。豈有古道德哉。茲國事甫新。伊始江浙禍亂弭平。正堪羣衆士庶覺悟之秋。漸悔昔日歐化貽誤也。某爲思之。實欲爲諸君將來之懺悔。非從古之道德入者則不可。且將山東前立萬國道德會。推廣普及。以利羣庶。挽救狂瀾旣倒之人心。拔登誕此大邦之道岸。是故爲滬分設。以招諸君入其門牆。而望堂奧之美。由茲登階而入室。况子思子所云。修道之謂敎。可離非道。道須臾不可離。若無終日之間可去其道矣。非此必造次。於是顚沛於是。君子去道。烏能成名乎。道乃自天之所出。然人均賴着天而存世。豈能去天而自存。天不可去。其道可去乎哉。今之倡大同者。孔子豈不云乎。禮之禮運篇云。大道之行也。天下爲公。此聖門之尙也矣。

提倡道德救國論

易學研究會
梁溪道德會　楊踐形講稿

第一篇

國家之治亂奚繫乎、繫乎風俗之厚薄。風俗之厚薄奚視乎、視乎道德之隆衰。道德之隆衰、即人心正邪之所由也。是故道德隆盛、則人心正直、而風俗因之以醇厚。風俗醇厚、此國家郅治之毋也。道德衰頹、則人心邪忒、而風俗因之以澆薄。風俗澆薄、此國家擾亂之根也。夫欲臻國家于郅治之域、而盡鋤歷年擾亂之莠種、規風俗于醇厚之軌、而丕變積習澆薄之惡化、非馴致道德于隆盛不爲功。而欲馴致道德于隆盛者、必先擴充道德之教育。欲擴充道德之教育者、必先尊崇道德之懿範。欲尊崇道德之懿範者、必先各人念念思惟道德、處處實踐道德、乃至時時力行道德而不倦。欲思惟道德、實踐道德、乃至力行道德者、必先有篤信道德之精神。欲有篤信道德之精神、必先有徹悟道德之智識。欲使各人有徹悟道德之智識、不可不有闡揚道德之書報、演講道德之會社、以及發揮道德之事業、而尤在有表彰道德之方法、以爲昌明道德之基礎。欲有表彰道德之方法、以爲昌明道德之基礎、則不可不有提倡道德之人物、以身作則、正己而化人也。蓋天下之本在國、國之本在家、家之本在身、而身之本、則在乎道德。人能道德有于身、則其身正

提倡道德救國論

二

其身正、則不令而行、其家亦正、其家正、則其鄉黨州里、受此感化薰陶、無不同歸于正、鄉黨州里無不正、而後推之于一國、則一國正、推之于天下、則天下皆正、天下皆正、則教化不播而自行、頹風不革而自變、此所以躋里仁而致俗美也、賊盜不禁而自絕、干戈不戢而自靖、此所以弭戰禍而遏亂源也、夫處今日之中國、外患未消、而强鄰猶深伺于外、內訌浸長、則疆吏方私鬥于內、連年災禍、厥賜全受、政客之餕餘、百物昂貴、其咎實由奸商之壟斷、盜賊蠭起、不外鶩華門麗之誇張、廉耻喪盡、無非聖教文化之廢弛、將欲救國運以留元氣、足財用而紓民生、挽既倒之狂瀾、作中流之砥柱、而求其簡便易行、人盡能爲、有百利而無一弊、繩賢良而垂久遠、上希孔子能弘日新之旨、直追亭林天下興亡匹夫有責之誼、可爲今日先務之急者、其即在提倡道德已乎、道德二字、原出于六藝之典、雜見于諸子百家之書、而實存于尋常日用動靜云爲之際、一人特有之、則一人獨得其修己安人之利、衆人互有之、則衆人共得其修己安人之益、人無智愚、俗無文野、地無中外、時無今古、天之所覆、地之所載、日月所照、霜露所隊、凡有血氣之倫、圓顱方趾、戴髮含齒之屬、苟是人類、對于道德、莫不知所尊親、是故一聞道德之名、一聆道德之言、一見道德之行、則未有不整然斂容、肅然起敬、而景仰羨慕之心、不期而自生者、此可以覘道德之感化人心、至

易且至深也

第二篇

夫道爲經綸天下之大本德乃範型聖人之初基君子修之終吉小人反之必凶履霜堅冰所以辨未然之漸恐懼修省所以率天命之性天命之性渾然全體本無所不賅也率性之道大化流行自各有條貫也聖人修道以爲敎進德以居業得其門而入焉則君子日用之工夫也是故誠爲入門則自强不息也謙爲入門則以虛受人也克己爲入門則省察身心而自勵也致知爲入門則曲成萬物而不遺也恕爲入門則推己以及人也靜爲入門則無欲以養心也愼爲入門則明嫌別微所以戢未形也敬爲入門則居處執事所以免苟且也聖門標指固非一途前賢以是啟發後學以是進修孟子所謂君子深造之以道欲其自得之也自得之者得之于心乃所以爲德也正是居之安資之深左右逢其源而已動容貌而能遠暴慢正顏色而能近信出辭氣而能遠鄙倍三者道之有得于身者也所謂德也君子修之所以其道日弘其德日新也中庸以五倫爲天下之達道以知仁勇三者爲天下之達德蓋卽今世所謂人格也韓昌黎之言道德也以由仁義行而之焉之謂道足乎己無待乎外之謂德朱紫陽之言道德也謂道猶路也德者得也行

道而有得于心也。至于歐美哲學家之言道德也、則以道爲人之本務、而以德爲本務之習慣性焉。是足徵道德二字之定義、全世界之所共認也。道德之定義既共認、則道德之範圍、豈有不共認者乎。姑就其淺近者言之、有如求學爲學生應盡之本務、習久則臻其天性之自然、而爲勤勉之道德焉。衛生爲常人應盡之本務、習久則臻其天性之自然、而爲節制之道德焉。愛敬父兄爲子弟應盡之本務、習久則臻其天性之自然、而爲孝弟之道德焉。効力國家爲國民應盡之本務、習久則臻其天性之自然、而爲忠義之道德焉。是故道之所在、即德之所在也。道德之所在、則天下一切事理之所在也。夫天下之事理無盡、故道德之功用亦無盡、道德之功用無盡、故君子之心量亦無盡。心量無盡、此所以藏之雖存于一身、而推之則普于萬有。信乎語大則其大無外、而天下莫能載、語小則其小無內、而天下莫能破。行諸家國、則道德即在家國、施諸民物、則道德即在民物、措諸事業、則道德即在事業、著之文章、則道德即在文章。道德之無所不在、即君子心量之無所不遍也。夫食無求飽、居無求安、此君子好學之道德也。見義必爲、聞過必改、去惡務盡、樹德務滋、此君子力行之道德也。非禮弗動、非義弗取、見危致命、委身不辱、此君子知耻之道德也。內省不疚、屋漏可質、仰不愧天、俯不怍人、此君子不惑之道德也。危邦不入、巖牆不立、天壽不貳修身以俟此君子知命之道德也臨深履薄啓手啓足身體髮膚不敢毀傷此君子歸全之道德也富貴不淫威武不屈窮達利害不移其操此君子持志之道德也放之則彌卷之則密浩然獨存塞乎天地此君子養氣之道德也仰之彌高鑽之彌堅忽焉在前忽焉在後此君子希聖景行之道德也不謀其利不計其功用之則行舍之則藏此君子明理翼教之道德也先憂而憂後樂而樂天下興亡匹夫有責此君子治國經世之道德也立人達人因材而篤任重道遠繼往開來此君子參贊化育之道德也聲名洋溢施及蠻貊凡有血氣莫不尊親此君子光被天下之道德也行世爲法言世爲則聖人復起其出一揆此君子儀型萬世之道德也是故君子無所貴貴乎有道德而已

第三篇

君子之有道德也君子而時修小人之反道德也小人而無忌憚也小人不知修省而無忌憚是以踰限而每失檢點縱慾而必至敗度外受物感之所牽引則理義湮沒而不彰內任耳目之所誘惑則聰明蔽塞而無用舉凡博奕爭鬥酗酒貪婪放僻邪侈荒淫流蕩諸習以及一切傷風敗化玷名喪節寡廉鮮恥悖禮蔑倫諸事君子之所不欲爲不敢爲不屑爲者而小人獨爲之一爲

之不已而至于屢爲之屢爲之不已卒至于道德淪亡積惡戕身雖死而不悔也嗚呼人之所以異于禽獸者幾希賴有道德以爲之界限耳道德淪亡則人類與禽獸奚擇焉人類有飲食夫婦之欲則禽獸亦有飲食夫婦之欲是飲食夫婦之欲人類與禽獸無異也人類有智識造作之能則禽獸亦有智識造作之能是智識造作之能亦人類與禽獸無異也推之人能言語而禽獸亦能言語人知感化而禽獸亦知感化然則人類之與禽獸苟非以道德爲之界限將何所從而有異耶噫此正道德之所爲尊貴也人有道德而禽獸不能有禽獸不能有道德此禽獸之所以終爲禽獸也人有道德此人類之所以靈長萬物役使萬物而配天地爲三才以作宇宙萬有之主也是道德者天之所以獨賦予人而人之所以獨稟自天者也故曰天生烝民有物有則民之秉彝好是懿德天賦道德予人而人自不能享用此自棄其天者也人稟道德自天而人自不能擴充此又自暴其人者也自棄天賦自暴人稟此人之不欲爲人而自儕于禽獸不齒于人類也人而自儕于禽獸不齒于人類雖聖人亦末如之何也已然而杏壇設教必因其材而篤時雨施化定見有教無類所謂人同此心心同此理凡屬人類斷非不可教誨即無不可感化之處故雖不道德如小人司教育之責者苟能諄諄善誘引登道德之門亦未嘗不可使復其天命之性于本

然也。是則道德尚未普及之前、有君子復有小人、而小人竟得與君子並稱。至于道德已經昌明之後、有君子即無小人、則小人皆盡化爲君子矣。所謂君子之德風、小人之德草、草上之風必偃也。此道德不第爲人類判別禽獸之界限、實足爲小人升進君子之階梯。安得知幾之君子、與之一辨善惡之原、而豫爲感化時措置地耶。夫導人爲善、每在善幾方動之初。禁人爲惡、亦在惡幾未見之先。幾者善惡之微者也。人能從微處早辨而防之于未形、則教化之感應、使人日善遠罪而不自知矣。是故洗滌其利欲熏染之人心、而擴充夫仁義漸摩之道心、則其心正。循踐此彝倫稟賦之常形、而充實夫品物含章之美形、則其身修。人果能革去其非心而自洗之、即亦可充實此美形而自踐矣。盡其心、踐其形、乃所以充其在我之道德也。是故道德有于身、則我貴。道德加于民、則我尊。非積學之士、又烏能時修君子儒爲己之學、而致萬物皆備于我耶。

第四篇

夫天之生我、地之長我、日月之照臨我、父母之鞠育我、師友之教導我、衣食住用之贍養我、無非爲有我而施也。我受天地日月父母師友衣食住用之錫、而有我。外而成形、則有我身。內而存神則有我。心辨而接之、則有我名。推而及物、則有我性。理而治事、則有我情。與天地參、則有我存我之爲我如是其至重且至尊也顧我可不于我之所以有我者而加之意歟我之所以有我者無他道德有于身言行出于己而已君子居其室出其言善則千里之外應之況其邇者乎居其室出其言不善則千里之外違之況其邇者乎言出乎身加乎民行發乎邇見乎遠言行君子之樞機樞機之發榮辱之主也言行君子之所以動天地也可不慎乎慨自西學東漸以來一般時髦俊傑靡不醉心歐化以自衒新奇破除舊習別建新猷其情至深其心亦至切矣惜步驟太急矯枉過正其甚者且并中國數千年來相傳之道德精神亦剷鋤不遺餘力馴致流弊叢生瘍洞膿潰而不可收拾也是故實利之說興而厲行刻苦之風息狡猾者借實利之名以陰逞其奔競攫取之私欲馴致其極必僅知有實利而不復知有道德矣自由之說興則明嫌別微之迹息奸險者借自由之名以陰逞其惑世誣民之私欲馴致其極必僅知有自由而不復知有道德矣平權之說興則上下尊卑之分息凶惡者借平權之名以陰逞其非孝犯上之私欲馴致其極必僅知有平權而不復知有道德矣社交之說興則遠近親疏之誼息淫亂者借社交之名以陰逞其濮上桑中之私欲馴致其極必僅知有社交而不復知有道德矣權利所在上下交征時會所趨僥成風氣社會道德遂如江河之日下無可挽回十三年來干戈之擾攘民生之日蹙陷國家禍亂

迭尋之境者、何莫非社會道德之日就卑下、暗釀明造、有以養成之也、故今中國之大患、不在軍閥政客之不能覺悟、不在共產過激之異說橫行、而實在道德之淪亡、足以使世風日就澆薄、人心日即奸險也、夫世風之日就澆薄、人心之日即奸險、固由于道德之淪亡、而道德之所以淪亡、實由于提倡道德者無其人、提倡道德者無其人、此道德之所以不明、且不行也、昔者孔子嘗嘆道德之所由淪亡矣、其言曰、道之不行也、我知之矣、知者知之過、而愚者不及也、道之不明也、我知之矣、賢者行之過、而不肖者不及也、又曰道其不行矣夫、又曰中庸之爲道德也、其至矣乎、民鮮能久矣、（論語引此句則無能字、中庸篇又少之爲德也四字）夫謂德之鮮能、道之不明且不行、此孔子深嘆道德之淪亡、而其悲痛之聲、一見于語言之間也、朱子之註若曰、知者知之過、既以道德爲不足行、而愚者不及知、又不知其所以行此道德、之所以常不行也、賢者行之過、既以道德爲不足知、而不肖者不及行、又不求其所以知此道德、之所以常不明也、是故君子之于道德也、已未有知、則求其所以知之切、已未能行、則求其所以行之力、知焉而未達于行、猶非眞知也、行焉而不得其知、猶非篤行也、故既能自明其明德矣、乃可遵道而行也、此所以道德文章萃于君子之身、己立立人、己達達人、不忍默睹運會之潛移、道德之淪喪、教化之陵夷、慨然以弘

提倡道德救國論　一〇

道新德爲己任，本其飢溺猶己之心，秉善同人之志，道濟天下，德化羣氓之懷，而經綸世變，教育英才，爲前聖繼絕學，爲後賢作師表，登高一呼，衆山齊響，同聲相應，同氣相求，懿德出于同好，至誠自然交孚，四方之慕道好學聞風興起者，不遠千里而來，拔茅連茹，同登道德之堂，盡性踐形，優入聖賢之室。從此一德一心，君子以同道爲朋，禹稱善人而不善人遠矣。故一鄉之善士斯友一鄉之善士，一國之善士斯友一國之善士，天下之善士斯友天下之善士。保國粹以留民氣，尙講學以振士風，始自一人之獨善，而卒至天下皆善，此皆提倡道德廣洽人心之益也。當今之世，欲求國勢之隆盛，民生之富强，時局之安寧，人心之正直，息內訌而弭外患，消戰禍而靖匪氛，非提倡道德教育，以尊重倫理，將何法以致之。孔子之播仁聲也，振之以木鐸，宣之以金口，近悅遠來，順乎天而應乎人，集義配道，斆有功，求有得，則修身以俟，德不孤，必有鄰矣。所以道德不可不提倡，而提倡尤不可無其人也。有心于國家之治安，風俗之醇厚者，詎可忽諸。

時局和平根本問題

國家之治亂。繫於風俗。風俗之美惡。由於人心。人心之邪正。關乎道德。今也人心變幻。道德淪亡。風俗卑汚。國家陵夷。逞私欲之橫流。置公理於不顧。實足破壞紀綱。斲喪人道。嗚呼。禮義廉耻。國之四維。四維不張。國何能國。國家須由人立。惟心爲衡。心不正。豈可爲人。人不積。焉能成國。國民欲享自由幸福。奮發自治精神。尤在不偏不倚。中正和平。崇尚道德。振飭四維。禮有恭敬揖讓之容。謂之明禮。義有時宜制事之爲。謂之正義。廉有清潔高尙之風。謂之淸廉。耻有愧怍不辱之辭。謂之知耻。此四者。皆古聖人治天下之大本。信能遵行。何患兵禍之不戢。時局之不寧。世人欲求解決此時局和平之根本問題。非從明禮正義淸廉知耻四端着手。安能有濟。讀者諸君。幸察詳焉。

明禮章第一

天地之大。人民之衆。事物之繁。品類之雜。紛紛紜紜。勞勞碌碌。日奔馳數萬方里之中。雜處於四百兆人之內。欲使之有倫有序。不蔓不支。遵規矩。守法律者。當以禮爲之維持也。故禮爲四維之一。即爲萬事之本。一事不由禮。則一事不能就緒。一人不由禮。則一人不能守法。詩曰。人而無禮。

時局和平根本問題　二

胡不遄死。孔子曰。不學禮。無以立。此言人不學禮。不能自立於世界之上。彼世之無禮者。偷生人世。不如死之爲愈也。禮之所關。豈不大哉。昔漢高帝初得天下。即命叔孫通制禮儀。而漢之天下統一。周公定禮樂而周之天下大治。誠以禮爲立國之大本。朝野上下不可不急爲講求也。今者所講之自由。且不識自由之眞諦。事事而越禮。所尙者平等。不知平等之眞義。事事而背禮。所談者過激邪說。事事而非禮。而袞袞名公。莘莘學子。以放浪爲開通。以繩檢爲拘束。藐視先聖先賢之禮節。弁髦歷代之儀文。見有遵禮守法者。非誚之爲迂儒。即斥之爲腐士。在上者假法律以拘束人民。而已身日游戲於法律之外。犯賭博。犯邪淫。貪贓納賄。恬不爲怪。在下假者開通以趨赴時好。而已身日奔走於風塵之中。談新學。談時務。越禮犯分。至死不休。此皆禮維不張之故也。以如是之人。當今日之事。老弱轉乎溝壑。少壯流離四方。嗚呼。其何以固邦家。其何以臻上理哉。今欲使國基鞏若磐石。外可以勵友邦。內足以絕亂源。惟在上者共敦禮節。在下者共守禮法。上下皆以禮爲根本。國基自可永久不壞焉。

正義章第二

人生天地在。間所最難能而可貴者。義而已矣。義之所包甚廣。而其爲用甚大。人不知義。則萬事不能行人。不守義。則百爲不能成。古云天經地義。實則義之中。包括天經在內。凡古來大忠大孝之人。即古來深明大義之人。古來大廉大節之人。即古來素守大義之人。古來大智大勇有爲有守之人。即古來不忘大義之人。蓋義之於人。如木之於根。如水之於源。根深則葉茂。源遠則流長。故文天祥之殉難。人皆曰舍生取義。顏杲卿之死節。人皆曰深明大義。孔子曰。信近於義。言可復也。以此知義之所關甚大而甚遠焉。况義者事之宜也。欲事之合乎宜。必先求其心之無愧於義。此一定不易之理。今則見利忘義也。比比皆是。而顧名思義者。果誰人乎。士不知義。甘棄孔孟之書。農不知義。盡忘稼穡之本。工不知義。空鬥技巧之能。商不知義。爭貪蠅頭之利。而且軍不知義。常存反覆之心。官不知義。大開賄賂之門。紳不知義。競效貪緣之習。求一深明大義。如古之端人正士。以國事爲前提。以身家爲後事。以保衛地方。維持名譽爲惟一無二之天職者。渺不可得。國勢日衰。人心日壞。職此之由。又何怪焉。故欲救今日之國家。其必各盡乃心。以義爲之根本。士農工商。以及官紳軍界。均能遵守大義。則世風可轉。國基自固。否則恐四萬萬人民。盡入陷阱之中。二十二行省共遭爭奪之禍矣。

清廉章第三

時局和平根本問題　四

大地搏搏。人民擾擾。欲於衆濁之中。求一獨清之士。如日月之高懸。光明射目。如冰雪之凝結。清潔無瑕。其惟廉字加之意乎。蓋廉爲崇儉之本。又爲立節之原。廉爲正心之根。又爲潔身之主。不廉即奢而儉德從此失焉。不廉即貪而節操從此喪焉。不廉即亂。而心術從此壞焉。不廉即靡而聲名從此裂焉。古人守四知之戒。愼一介之取。皆廉潔之心有以致之。其昭垂青史。流光典籍也宜哉。是故人之存心。不可不以廉爲之本。人之作事。又不可不以廉爲之根。近來世風不古。人心日壞。寡廉者比比。皆是。守廉者百無一二焉。濟濟多士。非不自命爲高雅也。而見利爭趨。高雅者。變爲卑污矣。芸芸農夫。非不自誇爲貴重也。而見富則傾。貴重者。變爲苟賤矣。莽莽百工。非不自視爲聰明也。而利令智昏。聰明者。變爲癡迷矣。營營商賈。非不自稱爲寬厚也。而蠅頭不讓。寬厚者變爲刻薄矣。又可笑者。紳則奔公門以使其巧詐之計。官則不顧公理。以肆其賄賂之謀。而且國家設兵以衛民。今則增兵以擾民。民反見兵而遠避。此皆上行下效。不廉之故也。不廉則國不能治。不廉則民不能安。不安則變故百出。天下紛擾。有必然之理也。彼不廉者。其何以自立於大地之上哉。今爲世人正告之曰。欲治今日之天下。救今日之國家。安今日之人心。非以廉字爲先不可。士而廉。則天下多高雅之士。農而廉。則天下多貴重之夫。工而廉。則天下多聰明之子。商而廉則天下多寬厚之徒。以及紳則絕足公門。敦尚高潔之風。官則恪守箴規。屏除貪婪之習。兵則遵循紀律。不起擾民之心。合工農士商官紳兵丁。皆以廉爲尚。則天下之治。人心之安。國基之固。可操左劵矣。

知恥章第四

孟子曰。恥之於人大矣。又曰。不恥不若人。何若人。有是故恥者。人之所不可無。國之所不可少也。欲於大地之上。人類之中。挺然獨立。卓然不羣。足使四百兆人之衆。千萬國之民。仰之如泰山。望之如日星。尊之如帝天。稱之爲神聖者。當先有恥。不若人之心。乃能居上人之位。聖經云。知恥近乎勇。蓋惟有恥。乃能勇於爲人。勇於爲國。勇於爲天地立心。勇於爲生民立命。天下之畏其勇。服其勇者。自帖然俯首。不敢有違叛之情。而國基亦鞏若磐石。堅固不移。否則天下之人。皆趨於無恥之途。學問不如人。而士不以爲恥。則教育終無發達之日。製造不如人。而工不以爲恥。則工藝終無精良之候。物產不如人。而農不以爲恥。則種植終無振興之時。經濟不如人。而商不以爲恥。則商業終無暢旺之地。政治不如人。而官不以爲恥。則政教終無郅隆之望。軍事不如人。而兵不以爲恥。則戰陣終無強盛之功。古之聖主明王。臥薪嘗膽。力謀恢復。忠臣義士。紛生碎骨。甘死國難。以及近今東西各國。奮發有爲。爭勝於地球之上。凡工戰。農戰。商戰。學戰。兵戰。日夜營謀。不肯甘居人下。爲萬國所譏誚者。皆知恥之心有以致之也。況中國士不求實學。反自命爲通儒。農不求美利。反自命爲善耕。工不求精良。反自命爲聰明。商不求振興。反自命爲善賈。官不求善政。反自命爲循良。兵不求保國。反自命爲堅强。由此觀之。恥安在乎。舉天下之爲士。爲農。爲工。爲商。爲官。爲兵者。皆不知恥不若人。又何若人之有哉。今若人人有恥心。即人人有憤心。人人有憤心。即人人有愛國之心。人人有愛國之心。即人人有衛國衛民之心。能如此也。猶有國之不治。亂之不平者。斷斷乎無是理矣。

世界新生理學

奉天北鎮宋唯一著

第一章　生理學之綱要

夫人生世間。不知體育。何有精神。不養精神。何有智育。不講智育。何有學問。不求學問。何有德育。信如是。則三育之原。根於生理也明矣。蓋時至今日。言生理學者。不爲不多矣。然皆以後天生理爲生理。從未聞有以先天生理爲生理者。舍本逐末。不亦重可惜乎。且先天生理。能益後天血肉之形軀。後天生理。斷不能益先天元神之性體。其勢有必至者矣。原夫吾人之生命。本軀殼與元神和合而成者。謂一人而有二種生命可也。二種生命。苟缺其一。則人類倏然消滅。無復生存之理也。故人所以養軀殼之生命者。飲食是也。所以養元神之生命者。祖炁是也。人只知重飲食而保軀殼。並不知重祖炁而培元神。何重其所輕。而輕其所重哉。夫一日不食則疲。三日不食則病。七日不食則死。飲食之重。固然矣。庸詎知體質堅强之人。若須臾不得祖炁。元神無依。必致脫離軀殼。而謂軀殼無恙。有是理乎。鄙人今發明採煉空炁成分之術。乃用機器吸收空炁。納於機器鍋內。與蒸炁混合。化爲甘露。由爐入鼎。其炭素隨水下注於鼎底矣。惟輕素而爲自燃體養素而有助燃性。二素分而復合。化出蟾光一縷。流瀣一滴。水火既濟之功。而成祖炁玄霜之妙。乃液體化爲氣體。氣體變爲固體耳。至於服食祖炁玄霜之妙用。則誠有九轉虛靈之法。三乘之功。初服下乘三轉者。却病延年。體育之基立焉。次服中乘三轉者。聞一知十。智育之功見焉。終服上乘三轉者。善根增長。德育之道得焉。夫此三育。均是性天道理。頭腦學問。實爲全球無上之妙術。古今所闕如者也。鄙人受先嚴指點。閱中外哲學。因於無字中化出妙義。故敢獨闢新機。別開生面。亦不過發前賢所未發耳。況前賢爲山已及九仞。鄙人特益一簣之土。以求達到目的而已。故拙著多有辯論古書之處。而又雜以未經人道之語。雖尊孔氏刪書之義。究竟負我謗賢。污我杜譔。在所不免。然而千古疑案。或因此而解釋。亦幸事耳。嗟乎此書一出。恐社會未必歡迎。蓋因世人對於學術思想。素來缺乏。凡守舊者。一見新學。就去反對。喜新者。一見新學。就去崇拜。究竟這種學說。是因何反對。因何崇拜。都無具體的研究。澈底的了解。總是國民性質弱點。文化之障礙耳。惟賴天下名流。仁人君子。贊成於前。傳播於後。俾世人曉得斯書之道理。則國家前途大有進步焉。

第二章　空炁溯原之定義

吾人戴高履厚。以生以養。若不知浩浩者太虛爲何事。渺渺者空炁爲何物。豈不虛生也哉。鄙人嘗考太虛先天眞空之神。萬刧不磨。杳無朕兆。於虛極靜篤。發出祖炁一縷。以爲萬炁之宗、包羅三界。化育羣生。實爲天地人物之大主宰也。原夫神（此神即是太西耶穌教所言天主也）當混沌未分之際。虛空動機一發。則鴻濛剖判矣。迨至開闢之後。居在太虛天界。每日化生祖炁。發於中辰。衝動於中極。撥轉璇璣。斗柄所指。是即炁機之到處也。其爲炁也。清者上升。則充塞九天。即天炁也。濁者下降。則流入地脉。即地炁也。天炁乃輕素。地炁乃養素。輕素而爲自燃體。養素而有助燃性。輕養二素。恰遇空中。則發火光如雹並起。响聲似雷。同時生有水滴、即沆瀣露炁也。此炁化生大炁、即空炁之謂也。瀰漫於兩大之間。氤氳於六合之外。萬炁歸一、祖炁包羅。似有結而不解之勢焉。至於太虛中脉、由宗動下至地心。約六萬四千七百三十三萬八千六百九十餘里。澈上澈下。一炁貫通。即至炁積於上。自然下降。炁積於下。自然上升。二炁一起一伏。極則必反。此陰陽自然之理也。是冬至以後。地炁上升。天炁下降。當此之際。迎祖炁也。夏至以後。天炁上升。地炁下降。當此之際。接祖炁也。而人在空炁之內。天地之間。亦何嘗不隨地體之上迎下接。以受實宇一貫之炁乎。然則吾人於空炁中。得以生息不絕者。皆此大炁之功也。不然者。天離炁則七曜必隕。地離炁則萬物必消。人離炁則生命必絕。蓋祖炁之生成三才一體。全藉太虛元神以爲根柢耳。奈無人倡明而推求之。豈不惜哉。

第三章　空炁生理之功用

太虛蘊靈涵三抱一。天地與人。渾然一體。眞空元神。乃太虛之中心點。天地物我之主人翁也。原太虛元神生化萬物。故萬物莫不各有元神也。晰而言之。一物有一物之元神。此小德川流所謂一本散爲萬殊也。合而言之。萬物統歸一元神。此大德敦化所謂萬殊歸一於一本也。由是觀之。太虛元神。爲萬物元神之始祖也明矣。夫人配天地爲三才。實爲萬物之靈。然其所以靈者。以元神賦畀獨優之故也。且此神既爲太虛元神所賦畀。地位居於頭部之中。部人故名之曰腦神。此神靈明則生智。此神昏憒則健忘。此神活潑則神經强。此神倦惰則神經弱。人病則此神衰。人死則此神沒矣。然則部人發明腦神。爲人身之主宰。豈無據哉。譬如電報然。腦海者電池也。腦筋者電線也。腦神者司電之人也。由是以觀。則腦神與腦筋二者。孰爲人身之主宰。不辯自明矣。部聞太西哲學。所論腦部中有大腦小腦之說。部以爲大腦者。無非腦神之軀殼。小腦者無非腦筋之根蒂。無奇特也。況腦筋貫於全體。傳外來之感覺。報告於腦神者。謂之覺悟。腦筋聽受腦神之命令者。謂之運動。腦筋。腦筋爲腦神驅策之奴隸。腦神爲駕馭腦筋之主人翁也。總之。腦神於吾人有最大之關係。不可不極力維持而保衛之。是以今世之文明國。未有不講求衛生者。而衛生之書。遂致汗牛充棟。不克卒讀。然類皆老生常談。無濟實用。惟西人創論養炁衛生之說。全球贊助而稱許之。以爲千古奇聞。殊不知西人之所論。是則是耳。以鄙觀之。其間似有未盡者。原始要終。探源索隱。和盤托出。一言以蔽之曰。非養炁也。夫吾人欲求不死。當求無病。當求健康。當求健體。既求健體。宜求維持神經。能維持神經者。斯能啓發腦神之靈矣。區區養炁所能爲力乎。必須講求特別方法。乃能發到目的耳。或問啓發腦神之靈若何。夫不有太虛之祖炁乎。其爲炁也。即空炁之原素耳。蓋人以呼吸器收空炁。轉於循環器內。化分炭轉養之三元素焉。夫炭素者乃塵實之濁炁。呼而出之也。惟輕素發於天。歸人氣分。養素發於地。歸人血分。二素各歸各途。周而復始。轉於玉環。復歸一體。化出蟾光。激出水滴。是即太虛沆瀣露炁也。是炁也。循環八脉。偏行奇經。上升兜率。以養腦神。實爲人生活之大關鍵也。吾人每晝夜有一萬三千五百息。所吸空炁。化分三素。提出祖炁無多。以供腦神生活。倘一失愼。不敷所用。腦神失養。於以災病叢生。人多夭折。烏可不求一挽回之術乎。以故天降聖人。創成妙器。採揀空炁。凝結玄霜。專補腦神。實全球無上之妙藥也。凡服藥者。當知九轉三乘之法。不獨衛生已也。上乘服之。培善根。自入德育之道。中乘服之。

啓淪性靈。自合智育之功。下乘服之。健體却病。自得體育之效。是以三育完全。帷賴祖炁之功用。以但未知世界名流以鄙說爲然否耶。

第四章　發明腦神之新理

吾人之生活。莫大於性命。然而性命之學。世之不講也久矣。何謂命。天所賦之性是也。何謂性。天所賦之神是也。殊不知性也命也。一氣渾然。非有兩箇。朱晦庵云。在天爲命。在人爲性。中庸曰。天命之爲性。總之人生曰性命。人死曰靈魂。要皆太虛所受之元神而已。中醫李時珍曰。腦神元神之府。金正希曰。人之記性在腦。泰西人言人之靈機亦在腦。黃庭經云。腦神精根字泥丸。所爲泥丸者。即釋迦摩頂受記之處也。是以鄙人直指曰腦神。腦神者。乃先天靈明之性。體爲人一身之主宰。其他血肉形軀。以及臟腑經絡。均是後天有形之物。各有使用之專能也。故以腦神喻主人也。軀殼喻房屋也。臟腑經絡喻諸器也。主人者。管理一身之事務也。房屋者。主人之居室也。諸器者。主人所用之傢俱也。至於心。亦是肉質所結實。爲發血之器。絶無靈機記性也。無如古今多以肉團心爲靈明之物。埋沒性之本能。豈非指鹿爲馬乎。更可異也。中外各種學說。無有不發明心理者。並取儒之正心。道之存心。釋之明心。以爲據。嗟乎。千古疑案。至今未曾判決。鄙人不揣冒昧妄參一解。因思正心存心明心三者。乃指中心一點神耳。夫豈在肉團之心哉。中庸言天命之性。率性之道。推而至於戒愼不睹。恐懼不聞。及見隱顯微。喜怒哀樂各種奧義。無在非性理之運用。注意斯道者。須由中和二字。研求眞解。然後可曉。然天地位焉。萬物育焉。此是三教嫡傳正法眼藏。非託空言。直指性體大而無外。小而無內。一點眞神。上透九天。下達九地。中貫人心。不偏不倚。徹上徹下。成一系統。乃爲中庸之的旨。天下之達道。天下之大本也。無如後世之人。不能索解。何夫靈機記性。原屬腦神。如吾人或憶往事。或應時事。往往瞪目上觀。閉目下視。反覆尋思而始得者。足見腦神在腦。腦絡聯屬眼系之證據。即陰符經所云機在目者也。如泰西剖解病人。有用蒙藥之法。此法乃用蒙藥水噴鼻。使病者秘密數字。初覺四肢脹滿。次覺臟腑壅塞。數到三四十字。自覺頭目暈眩。耳鳴鼻窒。即藥力入腦。不能數字。倏然昏迷。人事不知矣。由是以觀。靈機在腦不在心。不攻自破矣。噫。今日之下。取諦心理不經之談。發明性理有根之據。以作學界理科參考之文字。從此心性兩不混淆。各有攣論。加意體查。倘能收混沌初分之功效。是則鄙人之厚望也已。

第五章　發明腦神之生機

凡人大小腦相接處。生一空竅。內藏元神。其竅乃神經纖維組織之胞。是即祖孫胞也。由此胞生育三萬個小蒸胞。名爲子胞。各具神明。蘊諸大小腦之間。以其功用言之。大腦之胞主知覺。小腦之胞主運動。二者乃元神代表。各有責任焉。惟祖胞生死攸關。人當盡力以保護。若祖胞受傷。腦神脫竅。立刻斃命矣。常見厨夫插針鷄腦。鷄身立死。蓋以刺破鷄之祖胞也。人若耳後受傷。往往即死者。亦因振破祖胞所致也。至於子胞新陳代謝。一分鐘約換三千五百個。一點鐘約換二十萬個。一日約換五百萬個。六十日而全易。人若用智。大腦間即換新胞而智生。人若用力。小腦間即換新胞而力長。以故智愈用而愈多。力愈用而愈强也。雖然用智用力。亦有不宜太過者。用之太過。遞換不及。子胞必减少。是故人有未老成痴。方强忽瘵者矣。又最奇者。男女交感之際。男子子胞入睾丸。乃化精虫。婦人子胞入卵巢。斯化卵珠。及至交接畢。精液洩出。精虫卵子。隨之俱出。和合成孕。何莫非腦神之靈啓。此生生不息之機乎。總之祖胞內藏元神。如如不動者也。子胞內含神子。隨機而變者也。二者均是眞空性體。無形無象。雖有千倍放大之顯微鏡。諦審詳察。亦無從考其端倪耳。試以植物諸核中之仁驗之。將果核埋諸地中。越日取試。乃生胚珠。內含生生不息之機。此即植物之腦神及神子也。乃有贊曰。混沌生前混沌圓。箇中消息有誰傳。劈開竅內竅中竅。踏破天中天外天。妙義祇應一已悟。玄機難與世人言。

（未完）

本會紀事

靈學會歡迎江神童記

龍文心

山東江神童。名希張字慕渠。生數月即能言。半歲即識字。過目不忘。五歲時前清山東巡撫孫公寶琦學部尚書唐公景崇面試優獎。海內推爲人瑞。以得一見爲幸事。來滬時年十六矣。兒時讀宋儒張橫渠爲天地立心。爲生民立命。爲往聖繼絕學。爲萬世開太平四語。慕其人。故曰希張而以慕渠爲字。蓋其童年即以民胞物與爲量。抗志希古聖賢。不與尋常聰慧小兒同也。十歲以前。作大千圖說注四書。及作息戰論十三。著道德經禮運兩白話解說。久已風行宇內。不脛而走矣。其志在發揚道德。闡明宗教。以救人心之陷溺。而進世界於和平。嘗謂允執厥中。則道協於一。尤不以別戶分門爲然。故建議創設萬國道德會。以渾合各教。前在泰安嶽廟開成立大會。各國名士如李佳白等。無不贊成。其宗旨純正廣博。蓋京外成立分會。已三百餘所矣。此次來滬。報紙爭傳。人人欲得一瞻丰采。故靈學會及上海萬國道德會。先後有開會歡迎江神童之事。靈學會盛德東壇諸君子。尤踴躍焉。即就雜粮公會議事廳爲會場。公會中人莫不奔走恐後。一時聞風興起。遠近偕來。鐘鳴三下。江神童至。卽行開會。首由主席葉惠鈞報告開會宗旨。宣讀歡迎詞。次由崔品三代表全體會員致歡迎詞。殷明剛述江君歷史。乃由朱少沂請江君登臺。江君即演說靈學與道德之關係。大旨謂『在吾人生活之世界而外有高高在上之靈界。雖不爲吾人耳目之所得見聞。然而其實有。乃無以異於吾人所得見聞之世界。吾人生活於現在之世界中。爲期甚促。而吾人之生活於靈界。期乃無限。故吾人勢不能祗圖日下之安適而遺其永久之安樂。吾人欲求永久之安樂。遂不得不聯想及於道德。蓋道德之力足使吾人之精神肉體咸安樂而外。且爲後來生活於靈界之時。預築安樂之窩也。云云』。精理名言。透闢警策。聽者咸有領悟。會畢開沙。即有本壇監壇左使常勝子。憑乩贈詩一章。曰滔天孽海浪翻驚。時下書生記物名。彌勒未來釋迦死。阿誰復出渡衆生。又書亦瑚亦璉四大字。雲摩仙書叔師父作尊鼎。其寶用九字（係鐘鼎文） 東方老祖書詩一首。曰智慧天生豈偶然。而今我不羨神仙。立功立德君須記。竹帛應垂十萬年。又與常勝子合作一畫。題爲冷露無聲濕桂花。皆六尺立軸也。畫中一奇石。一丹桂。樹枝幹拂疏。石形容透漏。仙筆故非畫家之所及也。神童得之喜極。觀者尤多豔羡之者。是日正乩侍則楊眞如、汪雪仙、周霞仙。書錄蔡雲程、曹味冰。速記姚筆枚。來賓則上海萬國道德會、靈道學社、聯義善會、崇文會、惠然軒等七百餘人云。

來函贊成摘要

美國斯丹福大學來函

敬啓者。此間大學院研究天才敎育。擬搜集各國偉大人物。及神童歷史。以爲討論材料。歐美此項人才甚多。惟中國則付闕如。頃晤貴省王仰曾君。始悉　先生少年英俊。早著令名。謹附來調查表一紙。務祈照式塡寫寄下。以便將研究結果。登諸報章。爲先生揚名。爲中國增光。想亦　先生所樂爲也。如蒙賜寄半身像片及著作。更爲歡迎。耑此。卽請　公安。此上　江希張先生台鑒。

美國斯丹福大學郝耀東啓九月二十號

衍聖公府函

敬復者。案准　貴處函開。今天下最低落者。道德也。低落而欲扶起之。振作之。是非立道德會不爲功。以夏歷八月二十七日。係　大成至聖先師孔子萬歲佳節。公擬開會七日。上藉一大聖人道德之精神。合各大聖人道德之精神。以喚起萬國萬世無量數人道德之精神。以期共閉殺刼。速開生運。同享太平。咸獲安寧。伏乞名公巨卿。碩學名儒。仁人善士。屆期齊赴山東泰安縣城內岱廟。互相討論。共事籌畫。各等因。准此。本爵深表同情。特派家慧仲叔名令偉爲代表。摛聆　大

教至乞　俯賜接洽爲幸。此致　萬國道德會籌備處。　　　衍聖公德成啟

來函贊成摘要　二

前國務總理王公覆函

敬覆者。頃奉　公啓。莊誦。廻環。　諸君慨世局之日非。念道德之淪胥。創設萬國道德會。以期昌明道德。挽回頹風爲宗旨。實屬根本之圖。　宏願熱心。欽佩莫名。珍病體殘年。復爲家累。深愧不能躬蒞大會。親聆　教言。抱憾無似。惟懇附列賤名於　驥尾。則心香一瓣。遙祝　貴會之興隆而已。謹肅奉覆。敬頌　公綏。統希　偉照。不備。

王士珍拜復

前國務總理靳公來函

敬復者。頃奉　大緘。並江君希張所註四書白話解說一部。及贊成錄各册。讀譜一一。是另件擬上書當道兩稿。尊重孔經。崇祀孟母。以維禮教。而挽人心。當爲我國心理所極贊同。況生長鄒魯之鄉。沾濡教澤。尤爲切近。自當力予維持。期達目的。泐復。順頌　台祺。不備。

靳雲鵬拜啓

國務院覆函

敬啓者。接奉　大函。并附四書白話解說一份。展閱再四。具徵　熱心毅力。無遠弗屆。人心世道。

裨益良多。既承　屬望之殷。敢昧匡襄之義。　容即分函各省。勸導實行。知勞　德心。特此布復。即希　亮察並頌　義綏。

張廷諤拜啓六月四日

財政總長覆函

展奉　惠書。敬承壹是。正經勵俗。　意美法良。振學興民。　功高道普。下風遜聽。佩慰奚如。承示附章。彌深景止。弟接緒伊始。計務棼如。一俟稍就清釐。當即函購該書。徧為傳佈。藉昌聖學。仰副　高明。先此復謝。區區不盡。順頌　均綏。惟祭　雅照。

張英華敬啓

山西督軍兼省長致各處通函

邇來道德說衰。權利爭烈。慈愛既絕於人心。殺戮用横於天下。顧細推其致此之由。無非正學就衰。邪說繁興。革教革心。廢祀廢經。斯文既喪。人道無存。經滅教滅。種滅其禍將有不堪設想者。僕為此懼久矣。歷城江神童希張具有夙慧。幼年知名。新註有四書白話解說。字解句解節解。以及全章演說。全篇演說。全書演說。洋洋四十萬言。一字一珠。一字一淚。無在不足以發人深醒。誠現社會之警鐘也。且圖畫像贊。無一不備。於養正作聖之功。所關尤切。僕曾為撰序其書。惟念聖道淩夷。正義不明。禍既中於通國。自必通國人出而挽救之。不然。杯水車薪。無濟也。萬國道德

來函贊成摘要　四

會籌備處同人有鑒於此特於庚申年八月二十七　至聖先師孔子生日。持書前往慶祝。即由曲阜聖地寄發想早登　籤部矣但恐政務繁多未暇閱及。尙祈　公餘一覽。倘蒙　嘉許。即希惠賜一言寄山東省垣南關星宿廟萬國道德會籌備處接收以示奬勉。經正民興。斯無邪慝。則廣曾天下。人共尊親。吾聖道必因之普放大光明於全世界也。際茲歐戰媾和。南北統一。正中外偃武修文之候。因勢利導。事半功倍。昨奉　大總統令。命各長官協力同心。導揚文治。康濟民生。凡我同寅。宜如何仰體　大總統殷殷圖治之心。廣慰海內外喁喁向治之誠。而相與共期以有成也。肅此敬請　勳安。伏維　荃察　閻錫山鞠躬

東三省巡閱使覆函

百川軍長大鑒。正義不明。異端斯起。非孝者公然立說。討父者組而成團。化日光天之下。魑魅橫行。沛澤污池之中。禽獸羣至。大道將衰。爲此滋懼。聖人復作。在所必誅。江神童新註四書白話解說一書。洋洋數十萬言。幾如暮鼓晨鐘。發人深省。其輔翼聖教之功。不讓程朱。先賢靈爽。實式憑之。而諸君子之集會講學。孤詣苦心。亦益令人神往而不置也。即祈轉致　萬國道德會籌備處爲託。肅覆。並祝爲道珍重。諸希　亮察。不宣。　張作霖鞠躬

浙江督軍覆函

逕覆者。頃奉　公函。諸承　奬飾。慙歉奚如。　蒿菴先生爲吾邑大儒。前由鄙人呈請從祀　孔廟。尚未議准實行。茲得　江神童所著道德經白話解說。爲　蒿菴先生闡幽發微。足證前人議駁配享之失。弟雖不文。敢不極力贊同。以副　諸鄉先生雅意。容得捧讀其書。當再跋綴片言。寄呈教正。先此肅覆。敬頌　公綏。

鄉愚弟盧永祥拜啓

直魯豫吳巡閱使署參謀處來函

敬復者。頃奉　貴處公函。並收到四書白話解說。計甲乙丙三種。共一百部。通啓百份。禮略一本。承　示事爲昌明孔教起見。萬勿滙寄書價。展誦迴環。欽感無似。當將　來函並書轉呈　巡帥奉諭函謝。書即分發幼年兵營。暨學兵營。冀以昌明孔教。除分發外。特函肅謝。此致萬國道德會籌備總處。

兩湖巡閱使署參謀處啓

京師步軍統領王上將覆函

敬覆者。奉　貴會轉到　閻督軍惠書。甚盛甚佩。僕耳江神童之名久矣。聞其所著至賾。然僕所得見者。四書白話解說。道德經白話解說。大千圖說諸書。就所見者論。則上探天人之精。下極事務之微。旁及宗教哲理之幽眇。世界進化之嬗變。追討源緒。兼綜並包。信乎學徹六通。識窮兩戒者也。僕本傖荒。瞀於儒術。顧嘗從四存學會諸君子之後。服膺顏李。躬行實踐之義。故拳拳於道德而不敢忘。方今邪說詖辭。充塞膠轕。人心淪於禽獸。法言等乎漂漚。識者憂之。以爲民不爲民。國將不國。且瞍瞍焉有滅種之懼。是固然已。然僕以爲道德一日不亡。則國與種一日不滅。而道德一日之偶亡。又非眞亡也。譬之狂飆蔽天。終必有霽。毒焰燎原。終必有息。大刼小刼。終必刼盡輪轉。迴於貞際。化分化合。終必有元子之存。以太之在也。故剝者復之機。否者泰之朕也。雖然趨道德之美者。當審其程徑。避不道德之惡境者。當辨其去從。故必以存誠克己。愼獨窒慾。爲其擇別邪正是非之鵠。否則外牽引而內昬惑。根塵顚倒。認賊作子。認魔作佛矣。昔荀子曰。枸木待檃括蒸矯。然後直。鈍金待礱厲。然後利。江神童之書。檃括礱厲之謂也。道言五圖九篇。釋言寶筏慧燈。貴會之所揭櫫。則亦五圖九篇寶筏慧燈之類也。大同大順。神童之所蘄。貴會之宏願。推斯指也。由一國至萬國。自一世至萬世。皆將納於道德之範圍而無遺。而冥筌胥排。法象並泯。神童之著默乎若忘矣。詩曰。風雨如晦。雞鳴不已。惟貴會勉焉。此復。敬頌　道祺。不具。

王懷慶謹白

新疆省長兼督軍覆函

萬國道德會籌備處公鑒。逕覆者。接奉　大函。再三諷誦。深佩　貴會提倡道德。挽救末流。爲當今決不可緩之舉。前承　惠寄江希張君新註四書白話解説一部。已經收到。公餘省覽。喜其以痛快淋漓之筆。演尼山鄒邑之旨。足以普及社會。振聵發聾。誠有如　閻督軍所謂一字一珠。一字一淚。無在不足以發人深醒者。得　貴會表章而傳播之。其有功於世道人心。實非淺尠。昔顧亭林之言曰。有亡國。有亡天下。易姓改號。謂之亡國。仁義充塞。而至於率獸食人。人將相食。謂之亡天下。中國立國數千年。天下所以未至遽亡者。蓋孔孟之道。有漢唐宋明清初諸大儒遞相紹述。維持於不敝耳。民國以還。政尙共和。人人舍道德根本不講。而惟權利之是圖。謀其利。不正其誼。計其功。不明其道。邪慝繁滋。干戈擾攘。地變天災。層見疊出。人民死於鋒鏑饑饉。國家危於累卵覆巢。此正天下將亡之時也。茲幸　貴會同人。概念世道之凌夷。振興孔孟之大道。更有如江希張君者。後先輩出。著書立説。大聲疾呼。使全國之人。由是猛然深醒。咸知滌慮洗心。尊德樂道。共循正軌。以鞏固我中華民國億萬年有道之基。且俾孔孟道德之教。發揚光大。得以東漸西被。深入於環球各國之人之心。以挽救世界之新潮流。其爲吾道之干城。功豈在漢唐宋明清初諸大儒下哉。專函佈覆。即頌　公綏　外附補過齋日記一冊

楊增新鞠躬

來函贊成摘要　七

來函贊成摘要　八

吉林省督軍覆函

萬國道德會籌備處台鑒。頃接山西閻督軍來函。附寄　貴處宣言書及章程。并江神童所著各種。盥浣三復。無任佩仰。方今世衰道微。上下羣肆於亡等之欲。攘利爭權。積爲風會。其禍變之所極。小之及於一身一家。大之中於一省一國。前車屢覆。來軫不戒。深識之士。惄焉憂之。貴會指歸道德。提倡宗風。推己以及人。由中以達外。陷溺已久。聞者動容。孔佛耶回聯爲一體。舉從前小儒門戶之見。一掃而空之。而襄陵食人之禍。將因之少熄。昌黎有　言。孟子之功不在禹下。貴會之功。抑豈在孟子下耶。江神童以極大之眼光。具無窮之悲願。當茲幼歲。已富鴻編。夙慧天成。其來有自。且古來號稱神童者。率不過解章句。能詩文。妙辯纖才。偶驚長老。迹其少作。於世何裨。今江君通貫中外。博極羣書。舉吾國甚繁賾甚深奧之篇。昔日老師宿儒所不能曉通者。乃句分節解。以駿快之筆。衍爲淺說。明白曉暢。俾愚夫愚婦亦能通達其義。而歸本於正人心。息爭戰。大聲疾呼。警迷抵瞶。世有讀是書者。孰不泚顙回心。悚然而易軌乎。天生此人。以捄中國。特於髫年一發其機。將來愈造愈深。其所著述。更有百倍於此者。而收效之遠且大。殆益不可量者。顓頊十二而治天下。項橐七歲而爲聖人師。初以爲史家鋪張之辭。觀諸江君而益信。而所謂解章句能詩文。便翹然目爲神童者。等諸自鄶無譏矣。貴鄉 自媿不文。無以闡宣閎奧。願心藏心寫之誠。則又非區區尺一所能罄也。敬頌 道綏臨書神往。 鮑貴卿拜啓三月六日

山東督理覆函

敬復者。頃奉 函賜經著。高文典册。篤實光輝。拜讀之餘。感荷無似。貴會提倡道德。造端宏大。起衰抵敝。求釀世界之和平。偉量精心。尤爲欽佩。專肅鳴謝。復頌 公祺。不備。此致 萬國道德會籌備總處。 鄭士琦拜啓

湖北督軍公署來函

逕復者。檢閱擬上 大總統文兩件。雒誦再三。莫名欽佩。自歐化東漸。男女學校。悉廢讀經。非有道德以爲藩籬。必致使敗常亂俗之學說。流毒社會。貽禍國家。默念前途。憂心如擣。 貴會本救民覺世之苦心。抒撥亂返治之偉論。依照憲法主張尊經。以昌孔教。崇祀孟母。以端女學。俾人心知所趨嚮。庶國本不致動搖。經正民興。斯無邪慝。孟子之言。決非欺我。矧青年學子。知識缺乏。當此羣言淆亂。易入迷途。或假自由之名。辭餙不韙之行動。雖足取快於一時。不免貽譏於衆口。名爲自由。實則自殺。良可慨也。往者美國大學。曾設有支那學科。近日日本大學。被焚。亦徵求中華

典籍。厲在國人。豈容漠視。尊崇孔教。表彰六經。成俗化民。端賫此舉。凡有血氣。莫不贊同。特贅數言以誌景仰。此復。卽頌　會安。

湖北督軍公署啓

黑龍江督軍來函

希張鄉先生閣下。昨由二十九師張參謀長頒到　賜書。就諗　道履時綏。　箸祺日懋。爲頌無量。慨自世道日衰。人心日壞。異端蠭午。聖學湮沉。此正救焚拯溺之時。而環顧神州。尤復酣嬉醉夢。不知履蹈之危。一二梟桀者。流又復逞其偏材。肆其簧鼓。道高一尺。魔高一丈。豈我神明之冑。遂永淪於鬼域乎。痛哭呼天。寢食俱廢。今者幸矣。天果篤生　賢哲。以救我兆民矣。讀　大箸各種。無一非闡明正學。痛闢邪談。苦口危言。促人返省。誦之萬遍。口沫手胝。（部人）德薄能鮮。力小任重。雖有濟世之心。苦乏援手之策。謹當奉　大箸爲圭臬。傳之通省。俾家誦戶曉。庶或有積學之士。愚昧之氓。聞而興起者乎。則　先生之孤懷閎詣。爲不負矣。　惠賜各書。均敬謹拜登。茲奉上現洋五百元。聊爲刻書之費。卽乞　哂納。幷望多寄若干部來黑。以便轉發各校。應用是爲感禱。專此謝敬。肅請　道安。不盡一一。

鄉愚弟吳俊陞再拜

松滬何護軍使覆函

敬啓者。江河日下。道德浸衰。求新之知識未闢。舊有之良能已失。邪說詖行。瀰漫宇宙。人心日漓。愈趨愈遠。將昔日五教中之精義奧旨。掃地無遺。欲塹難塡。殺機四起。充其極量。人不淪於禽獸者幾希。種不致滅亡者不止。有心人惄焉憂之。幸　江神童希張天賦聰亶。應世傑出。本悲天憫人之旨。作繼往開來之緒。窮源竟委。鎔五教於一爐。將所謂放之則彌六合。捲之則道歸於一者也。於是著有息戰論。大千圖說。新註四書白話解說。翻閱一過。覺條分縷晰。出顯入微。啓世牖民爲斯世放一光明者。非此書也耶。驅世界於大同。納群倫於軌物。旋乾轉坤。其功詎在禹下乎。爰誌數言。忝諸贊成之列。幸甚幸甚。肅此敬請　箸安。

何豐林贈

滇軍總司令官覆函

敬復者。頃誦　大函。祇讀　擬設萬國道德會。於夏歷八月二十七日。起在泰安縣岱廟集衆討論。以闡發道德力挽頹風爲宗旨。熱誠毅力。至以爲佩。道德修之在己。而時勢惟其所遭。道德在內者也。時勢在外者也。在內者要可自操。在外者亦必有所爲。故有道德之眞精神者。足以感發當世人之道德。而當世人之道德。亦足以引起億萬世後無量數人道德之眞精神也。吾人欲丕振道德之精神。必先不牽於習俗。不屈於威武。不希苟合。不顧毀譽。一心嚮往。如水赴海。而後道

來函贊成摘要　　　　一三

德之妙義。天地之殺機。可以發輝而阻遏之故。聖賢之生也。創論立說。並時之人。或深駭而莫能容。乃至異世之後。轉又仰若神明。懍懍勿違。古今中西。若是者衆矣。今得　諸公提倡此舉。登高一呼。衆人響應。固可爲操左劵。珍遠居天南。雙符承緒。不克趨前。躬與其盛。抱歉私衷。當遜鑒原特述所見。聊備商榷。倘承　不吝珠玉。進而敎之。企禱交并。耑此裁復。卽頌　籌安

顧品珍復十月一號

廣西省長覆函

敬覆者。奉　惠書並附寄江神童大著數種。俱已領悉。昌明　聖敎。崇道德以弭戰爭。洵爲協和萬邦。促進大同之正軌。　執事嘉神童之倡導。詔通國以贊成。　囊敎熱誠。至深感佩。慨自正義晦。而權利之爭熾。人與人爭。國與國爭。戰爭之禍。正未知所終。極窮人類。縱慾敗度。爭權奪利之流毒。不難舉世界民物。蕩然澌滅。欲挽浩刼。要在人各反本。而修道勵德。說似迂而理實無可易。易言萬國咸寧。必推本於各正性命。神童依據斯旨。衍一元散爲萬彙。萬彙歸於一元。鎔鑄百家。噓翕八表。鴻才偉願。卓識苦心。定將感格羣倫。襄成盛舉。人心厭亂。中外幾一致矣。厭之萌。卽轉之機。迎機順導。綰諸道德。鍥而不舍。有志竟成。禮運所謂天下一家。中國一人之極軌。或竟由理

想見諸實現。掩卷神馳。譽然高望。鴻篇閎竟、遑綴數言。藉申欽仰。耑肅。復請　勛安。餘惟　荃照。

不備。　李靜誠謹覆

湖北省長來函

逕覆者。頃奉　台函。並四書白話解說一部。萬國道德會開會紀事一紙。具見　諸公綱紀羣倫。納民軌物之盛意。欽佩莫名。伏念孔子之道。如日月經天。江河行地。布帛菽粟之益於人。徒以運會所趨。生計困窮。道德墮落。而人心遂不可問矣。　貴會提倡宗風。籌備進行。自係救世良藥。而發皇光大。尤爲敝處所禱祈以求者也。此致　萬國道德會籌備處。　湖北省長啓

江西省長公署來函

敬復者。頃接　台函。祇悉壹是。本年春間。准　貴會函以江神童新註四書白話解說通啓。每縣經郵寄一百份。祈函知各縣知事。俟該通啓到時。即飭差扑、鄉張貼等因。比已轉令教育廳查照辦理。茲復承　函詢。除再令教育廳查照。轉令各縣知事。如該通啓業已到縣。即行辦理外。特函奉復。祇頌　道綏。　江西省長公署啓

貴州劉省長復函

萬國道德籌備會會長道鑑。接誦　大牋。敬悉種切。晚清以來。學校廢經之義。與道德淪亡。綱常崩壞。而人心之陷溺。風俗之偸薄。禍遂烈於洪水猛獸。來書以經正民興斯無邪慝。實爲根本救濟之策。　聖手醫國。敢不敬佩。江神童生知粹質。入室升堂。所註四書白話解說。亦復言近旨遠。允堪化俗砭愚。已將通啓令發各縣知事。飭即分貼城鄉。量樂購者自當源源不絕。通俗講義。行瞻聖道之昌明。救世箴言。將見亂源之消弭。江書之功用。固能福國利民。而　兩公提倡之苦心。尤允爲國人所崇拜也。祗復。敬頌　道綏。

劉顯世鞠躬 六月三日

江蘇省長覆函

敬啓者。接展　台函。並印刷通啓。均已祗悉。除令敎育廳轉飭各縣於該書寄到時。酌核辦理外。特此函復。祗頌　道綏。

江蘇省長公署啓

熱河都統公署覆函

逕覆者。頃准　函開。請將江神童希張新註四書白話解說。或捐印。或代派。提倡流通。廣爲闡揚等因。到署。除令熱河圖書館備價購買五十部。由該館銷售。藉資提倡。並檢同通啓圖說。分令熱河道尹通飭各縣知事一體查照飭屬。逕行購閱外。相應函復　貴處查照。俟該圖書館將書價滙到希卽照數寄發可也。此致　萬國道德會籌備處。

察哈爾都統函

逕復者。頃接　大函。具聆種切。諸君子於道德淪喪。一髮千鈞之際。　主持正論。洞澈隱微。卓識宏裁。高同泰嶽。本應屆期與會。一覘盛況。惟蒙亂未靖。軍事倥傯。邊防吃緊。未克遠離。悵歉何似。岱廟會議。如何進行。俟會務告竣。尚望函示梗概。藉聞　明敎。無任企盼。此致　萬國道德會籌備處。

張景惠啓九月十九日

綏遠都統函

敬復者。頃奉　大函。備悉私悃。並承　惠寄新訂白話解說論語學庸七册。意旨正大。解釋詳明。闡先哲之遺言。入深出顯。開後學之正路。反本清源。社會歡迎。定可預卜。行見昌明聖教振鐸端賴道人。從茲　崇重儒宗。反經允推君子。福祥　蒙疆阻跡。悵莅會之未能。葵向傾心。謹裁箋而將敬。專肅奉復。敬頌　道安。此致　萬國道德會籌備處。

綏遠都統馬福祥鞠躬九月十五日

上海道院來函

來函贊成摘要

一五

來函贊成摘要　一六

希張先生有道。前承惠賜著作。展卷之餘。如親教範。欽佩莫名。日昨文旆蒞滬。正擬偕同人等開會歡迎。藉瞻豐采。昨聞龍積翁云。執事已返京門。私衷未遂。徒切雲霓。弟俗務羈身。才具本淺。更膺滬院掌籍一席。綆短汲深。時虞竭蹶。向祈時錫良箴。以匡不逮。肅簡鳴謝。祇請　道安。

謝素止拜啓九月四日

按謝素止係上海兵工廠　謝總辦之道名

倉聖學會來函

萬國道德會籌備處諸先生鑒。頃蒙　惠賜章程。極紉　厚誼。並附　江神童著作四種。雒誦一過。知神童以聖經之至理。順白話之潮流。覺世牖民。厥功極偉。拜領謝謝。　貴會籌備伊始。自必努力進行。拭目觀成。期於指顧。覺彌遠居海角。倘乞不遺在遠。時錫箴言。專展謝忱。敬候　公鑒

姬覺彌頓首啓

漢中代表來函

慕渠先生有道大鑒。慕

大名久矣。慕大道亦久矣。慕而未獲一晤。何相慕之殷。而相見之竟無緣也。眞令人昕夕徬徨而

莫可稍釋者也。戊午春。幸佳作從雲中突出。朶雲自東方飛來。莊誦先生息戰一册。未始不歎斯文之未墜。大道之將興也。然猶恐託諸空言。無補實用。洎接　先生籌備萬國道德會宣言書。及道德經白話解說諸書。捧讀之下。見先生目的如此偉大。眼光如此卓絕。進無所師於古。退無所依於今。而超然出謀發慮。立一規。創一議。可正天下之人心。可息萬國之爭鬥。可爲往聖繼絕學。可爲萬世開太平。此非通經。權達常變。無流俗門戶之見。存乎其中者。焉能道其萬一也。又況約仙佛於綱常名教。引聖賢入無極眞空。釋迦老莊。同會杏壇。基督穆罕。相晤闕里。五聖對語。萬教歸一。尤爲上下古今所未見之大經大法。中外聖賢所難能之無我無人。挽道統於將墜。作砥柱之中流。眞令人欽甚敬甚。更復感甚。惟理微道大。殊不易知。即使能知而未必能學。總或能學而未必能身體力行。造詣乎極。否則求其實效。川流則可矣。教化則難也。果能理欲分明。本源洞徹。見及此。學及此。行及此。完成及此。斯之謂到家之學。人稱至人。聖稱至聖。教之所從出也。將見天人合一。萬物自化。上可爲天地立心。下可爲生民立命。如老子所謂不言而教。無爲而治。自有不期然而然者矣。鄙人間沈淪於黑暗混沌之中。今得　先生各著述。一讀。如登光天化日之下。不禁五體投地。感佩莫銘。爰擬代表同人。定於陰歷九月初旬由漢中起身。趕赴貴處。敬領大教。共

贊進行。藉慰渴慕。用表贊同。又恐沿途遲滯。有誤舉期。特肅函預爲奉告。祗頌　道祺。並候　諸

先生道安。未另。　漢中代表袁華瀛鞠躬九月初二日

來函贊成摘要　一八

贊成人　開部　華朝嶽　英國人

贊成人

王孫謀　曾廣晴　陳日昇　元承齋

楊中倫　楊學震　彭　燚　梁體德

陳才琨　廖化洲　郭齋鈞　□建

賀瑞麟　鍾之琳　袁學安

中華民國十四年二月特版

上海麵粉交易所經紀公會同人捐助敬送一萬册

經募者　殷明剛

捐助者　上海麵粉經紀公會

編纂者　楊踐形

校正者　徐勉民

出版者　萬國道德會滬會

印刷者　上海城內石皮弄建康里 著易堂書局

戰地鴛鴦

（第一册）

出版預告

社藝 叢術 書一

戲劇沿革史大要

本書內容對于中國戲劇悉考據歷代史傳及名人著述以爲源流沿革之確證即對于西歐戲劇之源流沿革亦指示發明及改良之人可供研究戲劇者之參考

社藝 叢術 書二

戲劇學之組織成分

(1)引言(2)導源(3)編製(4)導演(5)佈景(6)扮相(7)表情(8)道白(9)歌曲(10)舞蹈(11)音樂(12)技術(13)要素(14)派別(15)結論

社會 新劇

戰地鴛鴦第二幕　盜劫

民國十七年春月再版

社會新劇 戰地鴛鴦

第一冊 定價二角五分
（外埠另加郵匯費）

著者 楊踐形

出版處 盛德藝術社 龍華讓記路

印刷處 著易堂印刷所 上海城內石皮弄

發行處 文化書 上海棋盤

分發行處 各大書

盛德藝術社略史

楊鉦

西歷一九二六春季敎長楊踐形先生見同學之嗜藝術者頗衆乃發起本社自成立以後內部逐臻完善每於課餘之暇研究藝術不半年而成績已斐然可觀矣曾數次在滬表演均能博人欣賞平時研究所得即有出版戰地鴛鴦乃本社出版品之一也今社員已達六七十人之多尙祈以藝術化之精神調潤全校枯燥之空氣則將來之蒸蒸日上可預卜也

戰地鴛鴦社史

戰地叢書　組織表

盛德藝術社組織表

- 社長
  - 總務長
    - 研究主任
      - 文藝部
        - 詩文
        - 演說
      - 美術部
        - 國畫
        - 西畫
      - 音樂部
        - 國樂
        - 西樂
      - 戲劇部
        - 歌劇
        - 話劇
    - 事務主任
      - 文牘
      - 書記
      - 會計
      - 交際
      - 調查
      - 庶務
      - 保管
      - 印刷

二

盛德藝術社職員表

戰地鴛鴦 職員表

三

社長楊踐形——總務長顧霞秋

- 研究主任顧霞秋
  - 文藝部 李塩全
  - 美術部 湯日新
  - 音樂部 徐志賢
  - 戲劇部 張楚良
- 事務主任惠沛如
  - 文牘 楊鈺
  - 書記 程少卿
  - 會計 羅學良
  - 交際 趙志翔
  - 調查
  - 庶務
  - 保管
  - 印刷

瞿煥庭 張大鈞 莊奇生 陳世昕 王鴻章 訾桂森 何紹連 曹六法

序一

平湖　顧霞秋

戲劇由文學藝術綜合而成，其影響於社會之風化頗巨，故文明先進之邦，恒視爲施行社會教育之天機。楊子踐形文學家也，曾著易學叢書，名聞四海，於新劇亦頗有心得。茲讀其近著戰地鴛鴦劇本，不禁喜之欲狂！不忍釋手，其所主張，與余相同，即所謂寫實派之民衆藝術是也。是劇編製甚佳，命意頗深，係描寫婚姻乃愛情之結晶，愛情須由於精神結合，打破貧富階級，去除物質魔力。全劇關鍵，即在文國華與章靜媛彼二人原爲一主一婢，何得而言戀愛哉？夫靜媛鄉姑耳，然出自世儒之家，幼嫻姆教，長從師訓，徒以荊天棘地，環境使然。國華雖爲富家公子，但前室所生，不見愛於庶母，待之苛，於是一對可憐人，竟引爲異性知己矣，後國華爲國效勞，建功立業，斯時也，國華猶不忘昔日之黃髮鄉姑——靜媛，常歎世界浩大！不能覓我之愛者，引爲終身之遺憾耳！但良緣天成，戰地巧遇，故名戰地鴛鴦。謹撮全劇要旨于此，以供讀者欣賞。

序 二

梁溪 惠沛如

戲劇本有語劇歌劇之別：歌劇注重詞曲。未必能普及於民衆，僅足供少數聆曲家之玩賞。惟有語劇，全用白話編成劇本，其所表演情節，無論何人均容易明瞭，所以能流行社會而受歡迎。近來寫實派之戲劇，專寫人類實際生活以及社會之各種變化，遠非從前浪漫派之虛構幻想可比。而表現派猶謂其於劇中人之思想感情，未能直接充分表出，所以主張獨白之復活。然個人心理之秘密動機，斷不能宣佈於公衆之前，可知亦非情理所有。然則宜如何設法，方始完善？研究戲劇者，迄今尚未能解決。近讀楊踐形先生所編戰地鴛鴦劇本一書，而後恍然大悟，知劇中人之感情思想，確能不假言語，從旁顯出，蓋皆在編劇本者權衡于結構布配之際，自有烘暈襯托之法，能運用應伏映照之筆，盡情描寫人物內心之靈動變化，一切感情思想，秘密動機，均能活躍出于觀者面前。即由演員之間接表現以為暗示，而使觀衆得間接觀見其個人內心之活動，此皆寫實表現等派所欲為而未能成功者也。楊先生本研究劇學之心得，而別創一格，此即「由暗示以表現心靈」之示現法云。余過從既久，略有所聞，因述此說以為當世讀楊先生之劇本者告。

序　三

東皐　胡恬安

夫一國文化之盛衰，人民思想之維繫，恒視其藝術之興廢以為斷。然藝術之範圍，既廣且繁，而究其能造福於社會，有益於人羣者，則厥惟戲劇是賴。考我國固有之歌劇，近世通行者，崑劇而外，則京劇是也。京劇之意向，皆取材於歷史，造意既深，故其旨趣，自不能透澈於一般普通人之心理，且徒事炫耀，極視聽之娛樂，甚或雜以靡靡之音，則又易引人入於邪佚之途，其能糾正人心，改進社會者幾稀，溯自歐風東漸，新劇盛行，國人去舊迎新之心理，亦隨潮流而變遷，於是咸趨於時尚，更注重於語劇一道，良以語劇之能感人至切，較諸歌劇爲深，其表演時又明顯易悟，盡人皆知，故其功効頗鉅；小而移風易俗，喚醒愚懵，納人於正軌。大則治國齊家，漸臻於富强地位，蓋不僅陶冶性情而已耳。環顧泰西各國，無不重視藝術，而尤以劇務爲唯一要事，且特設專校以事研究，造養專門人材，其對於戲劇學識，推崇可想。梁溪楊中一先生，文壇之碩彥也，道德文章，夙夙馳譽藝苑，蘊雋雅之才藻，揮燦花之妙筆，蒿目時艱，匠心獨運，爰出其餘緒，著有戰地鴛鴦一劇，描摹社會上種種之惡德，慷慨激昂，淋漓盡致，綺妍悱惻，哀艷動人，一切黑幕，揭破無遺，堪爲近今澆漓之濁世痛下針砭，洵傑搆也。書成問序於余，余苦文拙，未能鋪張點綴，茲聊誌數語於簡端，姑爲他日之預祝，然竊維語劇一項，須先編就良好之劇譜，庶可按圖索驥，有所徵循，則表演於舞臺，胥達完美之結果。今是書設想新穎，取材慎密，加以劇中之情節，悲歡離合，莫不詳晰縷陳，曲盡其妙，將來有裨於風化，豈淺鮮哉！若此，則斯劇之名貴，是書之價值，均可想而知矣。不禁鼓舞，謹而爲之序。

廣山　殷士哲

序　四

戲劇本有促社會進化之能力，補教育行施所不及，是以一劇告竣，可爲世界之指南，青年之寶鑑。無如晚近新劇，類多陳腐，凡說白及表情，一味油腔滑調，非特不能啟愚蒙，反足使觀者效尤。今觀梁溪楊中一先生所著戰地鴛鴦一劇，內分五幕，幕中各節，對準社會心理而施針砭，劇中說白純用表情，尤足使觀者警悟，改良惡習，而挽頹風，其有補救世人，非淺鮮也。

鎮海　周　斌

序　五

中一楊先生新編戰地鴛鴦劇本，書成，徵序於余！不學如余，雖嗜劇，何敢序先生之書也？然嘗稽諸史傳而知中國之戲劇導源甚早，遠在希臘悲劇之先。逮及成周，藝術文化益臻隆盛，而愛美語劇之淵泉，亦與歌劇並見於司樂之教國子。蓋其陶冶性情，誘掖道德，深足補教育之不及；而寓莊於諧，規世以諷，尤於風化大有裨益。故近世學者無不重視，至設專校以事研究。派別競起，各騁心力，劇學改進，益臻完美之勢，而先生又復折衷其間，獨出心裁，自創「示現主義」——利用暗示以表現心理，且使人不自覺而得感悟反省之益。從前劇本每詳於說白而缺於表情，文學美矣，然驗諸舞台，一切動作，常使演員無從措施，倘自添足，亦患不能恰當劇中情節，以合編者命意！不然，則祗見數人在舞台上說話，何足動觀者之興味？無怪徒有極佳之劇本，而不能得民衆之歡迎！反使導淫誨盜之油滑俚戲，假竊新劇之名，而爲社會蠧。皆從前劇本詳於說白而缺於表情，有以致其弊歟？今讀先生所編表情同說白並重，言語動作描寫盡緻，演員手此一編，即能從事表演，於改進前途之績，不既多乎？余雖不文，更何敢緘默而無表揚乎？爰謹遵作序如此。

序六

春江　趙志翔

戲劇最易陶冶心理，增進智識。然宜取其劇本之良者，方能收效，若不善者，反足引人入淫邪之途，爲害匪淺。故劇本之採取宜愼之又愼。攷吾國古劇甚多，而能改造社會者實鮮。近今新劇發明，雖覺稍有進步，而因其劇本之不週至，至演者不能了解其中底蘊，描摩情節，不能逼眞，即失却其價値。故改良社會之劇本不能得社會之歡迎。楊君踐形有鑒于斯，於是力去前弊，而改良之，特編戰地鴛鴦一劇，言語動作，描寫淨盡，能使閱者一目瞭然，且其中措詞，句句動人，眞不愧爲改良社會之導線。余不學無術，然閱其編稿，竟不忍釋手，故爲之序云。

第一幕佈景第一圖

此項佈景適合於舞台上地盤須廣闊宏大背景當悉用硬片

第一幕佈景第二圖

此項佈景製法較前者簡單可供學校及其他團體之需要

社會新劇 戰地鴛鴦

第一幕　討租（破落戶的苦家庭）

時間　現代

地方　某都會之郊外

人物　文仁甫（當地富紳）

文蘭官（富紳幼子）

刁　二（富紳僕）

章義和（富紳的佃戶）

章魏氏（佃戶妻）

戰地鴛鴦　二

章家馥（佃戶子）
章靜媛（佃戶女）
村　童（佃戶鄰）
金老班（藥店主）
胡　大（米店伙）

佈景

舞台裏面由極淺促的屏障縱斷爲二有門相通左方四分之一爲外間破牆角穿成一洞壁上掛着蓑衣豎着農具地下舖着稻草放一繩結矮櫈靠左一邊半掩着兩扇牆門中佔四分之二爲正間正中開短窗幾扇窗前破長檯上左置舊花瓶右疊舊書堆前一桌兩旁各有長櫈右壁鑿出四分之一有門通內間旁置爐罐柴鋏等物

啓幕

【外間】一龍鍾鄉老傴僂坐矮櫈上兩手頻搓稻草做繩盤旋脚旁少間喘咳三聲有時仰天而嘆眉皺額蹙一副勞瘁憂鬱之態令人哀憐然兩眼微露神彩面貌和藹可親一

副誠懇慈祥之容又令人起敬

【正間】桌上有殘羹兩碗右邊飯碗上擱筷一雙左坐一童學生裝束放碗筷一副左手握書一卷俯首作凝視狀右手持筆時而搖動其頭時而以筆杆搽髮

【內間】門啓處走出一個天眞瀾漫的小姑娘穿着短袖淡緋衫外罩兩襟下束圍裙玲瓏玉雪的小臂上挽了個洗衣籃數步路停回首向門裏偷窺旋出手巾頻拭眼角且拭且走

馥　（昂首向外搖擺三次兩眼向上一抬）哦！對了！那末對了！（仍俯首伏案少頃振筆疾書）今天一定對了！（離櫈緩步左右往來三趟忽疾趨返坐俯首如前狀）

嫒　（走到爐旁一看）咦！爐裏火呢！（俯身拾柴裝爐內用鋏略撥忽聞房內嘔吐聲急携籃進內間）

馥　（將筆放下立起兩手附髀三次坐下昂頭附掌滿示得意忽向後一仰櫈翻身人跌倒）喔唷

啨！（滾至椅旁）

義　（搓繩至疲倦不堪頭漸下傾奮力撑起再傾再撑精神恍惚入眼狀聞聲驚覺欠伸起立）呵呵！（振作精神再坐下恍惚如前）

媛　（聞聲急奔出）弟！弟！咳弟弟那里去了！（望桌上）呵呀！飯菜要被貓拖去了！（右窗口微聞貓叫三聲）唵吁！吒！吒！吒！

義　（恍惚狀）唉！什麽响？（左窗口微聞狗嗥聲）叱！打狗！（闖進一望）咳！那里來的大狗，把長櫈都翻身了，（見媛來扶長櫈趕過去）打狗！

媛　（喊）是我！是人不是狗！

義　（恍惚狀）不是狗，定是賊！（拉住媛揮拳欲打）

媛　沒有賊！爸爸！是你的女兒靜媛！

（窗口伸出一個人頭來對着做鬼臉縮下又伸出又縮下）

義 （放手驚訝）靜媛呀！

（媛被放手跌仆地上窗外跳進一童奔至媛立處）

義 （兩手撑眼睛對童細視自笑）哦！你原來是靜媛！（轉怒）你怎麼不去將我衣服趕緊洗好，我明天文家去定要穿的，（童做鬼臉）咳！我現在是老鼠身上祇有一層皮了！

（義俯身拭眼哼涕氣喘負手敲背頹疲不支摸到椅旁作欲坐勢被童複從地下爬起來臂對臂一撞隨向前仆下）

（童即跨義身上作騎馬勢忽奔至外間鑽壁洞逃出）

媛 （從仆起立聞脚步聲）呵呀！飯菜定被猫拖去了！（四面一望急奔扶其父）

義 哦！打狗，（扶起自撫胸腰）嚄！我原說有賊，（拍額）捉賊！咳！被賊逃去了！（旋身一望見襩正起立）咦！賊還在此！

六

馥　（自撫兩膝）爸爸！我是家馥！

義　（詫異不解狀）嚄！又是家馥，（一手捋鬚看鬚自笑）嗨！我近來怎麼這般糊塗呀！

馥　媽媽沒有病之前，爸爸精神一向很健旺的。

媛　（走近桌邊收拾碗筷）弟弟怎麼飯都不吃，放着紙筆又在做什麼呀？

馥　前晚校裏開會，推我做起草員，要作一篇文字，現在還沒交卷哩！

義　呀！你一向做得很快，校裏師長都說你是曹子建第二，現在又這樣慢呢！

媛　爸爸！你想弟弟自從校裡回來，一天到晚，服侍着媽媽的病，那有空閑的工夫來做這種文字！今天湊着媽媽睡了好久，才能偷偷地抽出工夫寫了大半篇，（回顧馥）弟弟呀！你的身體也要格外珍重！養成了健全的精神，方能夠做出偉大的事業！才算得不辜負爸爸媽媽對你一番鞠育的劬勞！

義　（看着家馥點頭微笑）唔！（忽轉驚慌色）呀！快去關上了門！我們活命的傢伙，沒有遺失嗎？

（馥急去關門）

嫒　爸爸！儘管放心！像我家這般窮苦，吃了早餐，沒有晚餐，那有這樣狠毒昧良的惡賊，還來斷絕我們的一線生開之路嗎？

義　（嘆氣）咳！你們女小孩！少經閱歷，那能知道？近來世人的良心，一天變壞一天，社會的道德，一天墮落一天，明搶暗算的手段，因此也一天酷辣一天了！他們只管作起他們的威福，那一個來可憐我們這些窮而無告的苦百姓！對着我們深表惻隱的同情哪！我們既然不幸的生在這荆天棘地的當中，他們要强搶惡擄起來，誰能阻得住他呀！（氣喘不堪）

（馥返立父旁）

嫒　（爲父敲背暗取手巾拭眼回頭見馥）弟弟！門關好了嗎？

戰地鴛鴦　七

馥　還落上了門！大姊！

（敲門聲斷續）

義　去開門看有什麽人來？

馥　恐怕有人送夜飯米來吧？

義　咳！現在這樣的世界，那有雪裏送炭的人！

媛　（拭眼）弟弟！快去開門呀！

（馥去作開門勢）

媛　（搔首思索忽拍手笑）哦！是了！昨天媽媽叫我到隔壁李大嫂處，去借三百個錢，不湊巧，李大哥沒有帶錢回來，她說：今天李大哥回來吃午飯，向他討着了，一定親自送來，好了！好了！

（馥用力開門開不出）

（敲門聲甚急）

媛　（急奔出）呋！我來開呢！（顧馥）弟弟！怎麽開了半天，門還沒有開好，還是我來開吧！（仍開不出細看一遍對馥笑）怪道開不出，是你把門扇倒裝着呀！

義　（急奔出）偌大年紀，這般不中用！還是我……（推媛返正間看爐火去自己搶着拔門閂用力過大向後跌出）喔唷唷！（馥急扶起）

（呀呀門開一少年立着）

胡　（一脚跨進門內昂首上視）喂！此處是章義和的家裡嗎？

義　（陪着笑臉）正是！請裏面坐！（引胡至正間）請坐！

（胡點頭各坐下馥侍立媛取爐上壺進內間）

義　（很恭敬地注視少年）尊姓是？……

胡　姓胡，

戰地鴛鴦

一〇

義　哦！胡大哥！我們今天還是初遇哪！

胡　不錯的！我們從沒會過面，

義　（陪着笑臉）尊駕有什麼事？到要請教！

胡　（扳起面孔）今天特來向你討債啦！

義　（搔首捋鬚）唉！（沈思不語）

胡　（發怒）裝什麼聾！欠了錢難道不想還嗎？

義　（詫異狀）那個欠你什麼錢？

胡　（冷笑）哼！還要抵賴！你家不是有個小姑娘嗎。她前天托李大嫂到店裏來，賒去五升米，難道……

（媛捧茶出）

胡　（回頭見媛忽轉嘻皮笑臉）這位小姑娘！

（媛略退三步）

胡　（轉對義和）是你什麼稱呼？生得這般好看啦！

（媛背立將茶遞與家馥馥怒視少年）

義　（沒趣狀）是我小女！

胡　芳齡多大了？沒有配過親嗎？

（敲門聲三响）

（馥放好茶去開門引進一鬚鬢全白的老者）

義　（起立讓坐）金老班！難得來，請坐！

金　（指着胡）這位何人？面生得很！

（義作欲言狀）

胡　金老班！難怪你不認識我！我一向在外邊做生意，前月裡方始回來，李大

戰　地　鴛　鴦　　二

嫂荐我在李萬泰米行裡做個小伙，

金　哦！到此有何公幹？

胡　這裏有一位小姑娘，他欠了李萬泰五升米錢，李大嫂幾次要催我來向他（指着義）討！

義（摸頭作詫異狀）唉！什麼話？

馥（憤急狀）大姊何曾向李大嫂欠過米啦！三百個錢還沒有借到呢！

胡（指着義馥父子）你看！哼！他還不承認哪！

金（看着義）呀！這位章老哥嗎？他爲人極好！

義（謙遜狀）那里那里，

金（誠懇態度）鄰近村莊，那一個不知道，

義（更加謙遜）愈說得好，格外慚愧，

金（哀矜狀）可憐窮苦得很！

義（敬肅狀）一向承蒙照應，差免餓死！

（馥偷視其父以手拭眼）

（胡靜聽着面現慚色）

金（轉瞧着胡）哦！欠了你的錢，當然要還啦！

胡（點頭）金老班說的話，眞不錯！極是極是！

金（回顧馥）你媽媽的病好了嗎？馥官！

馥（肅然恭立）老伯！（面轉色）媽媽呀！今天又加重了不少！（以手拭眼）

金（矜嘆）咳！這叫做貧病相連！（對着胡很自然的態度）他家欠我藥錢好久！算起來已經有十幾千了，（此時義吁鼻涕）我也是來向他討錢啦！

胡（大簸其頭）是極！是極！欠了該討！欠了該討！

金　章老哥的脾氣，我最熟悉，他决不願欠人家的錢，有了錢，趕緊還淸，心裡就覺着爽快得多！

胡　（連點頭）欠了該還！還欠了該還！（看着義搐鼻偏嘴）

金　（看着胡臉上作沈思態度）但是……我想……眞可憐！……

（胡回頭看着金臉上二人對視靜默片時）

金　（鎮靜態度）他若一時湊不出錢，就不妨寬限幾日，好在我們都不是等着要錢用哪！

胡　（凸出兩目注視不瞬很懶開口狀）横竪米錢也不是欠我的，（憤極起立）

金　（隨着起立手撫胡背）還是我們去罷！

（義陪着起立）

胡　（很無趣狀）不過李大嫂又要怪我沒用哩！

金　（向義一拱手）驚吵了再會罷！

義　（還拱手）大對不起，二位再會！

（金手推胡同出門退場）

（義馥父子送客出關門進內義坐下馥敲背氣喘略定）

（敲門聲甚急）

義　（起立細聽）咳！又是那一個來了？

馥　（趨出開門一望）咦！沒有人呀！

義　（責問聲）啊！馥怎麽說？

馥　沒有人！爸爸想是我們的心理作用呢？

義　嗨！阿馥！進來罷！

馥　呋！來了！（關門趨進繼續敲背）

（敲門聲又接連數响）

馥　嚄！什麽响？怎麽耳朶裏又作起怪來呢？

義　（細聽狀）不聽得哪！恐是敲别人家的門，莫要管他！

（媛一手托溼衣一手握擣杵從内間出登場）

義　（回顧媛）阿媛！衣服淨好了没有？

媛　（天眞爛漫地應着）爸爸衣服已經淨好了，可是肥皂又要買呢！

義　（看媛臉上又看手中又看自己白髮）嗨！快去晾啦！

媛　（顧馥招手）弟弟！你來帮我把衣服晾起來罷！

馥　大姊！你今朝整日忙了半天，没有一刻休息，你的工作，又不會來替做一些，你不要太辛苦哩！

媛　我辛苦些，倒也不妨，祇覺得媽媽的病，一天重似一天！……怎麽……好呢！

……（以手拭眼隨轉望義）爸爸

義　（呆望着媛呼鼻涕）咳！她的藥吃了總不見效！……怎麽，……好呢！……

媛馥　（同時洒淚顫聲）爸爸！爸爸可有什麽好醫生，替媽媽請一個來？

義　（氣喘嘔吐媛馥扶之一敲背一撫胸）兒呀！我一世這樣的耐勞肯苦，爲的是要做一個人爭一口氣！（哀痛悲音）那得知時運顚倒，連遭失意，弄到現在一家四口活命不得！（沈着重宕聲調）那里還有銅錢，去請高明醫生呢？（仰天頓足）公道的天呀！你怎麽專會欺侮這類窮苦的小百姓！像那一輩刻薄鄉民，無惡不作的土豪劣紳，仗着了威權財勢，想要這樣，就立刻辦到這樣，想要那樣，就立刻辦到那樣，無論是怎樣的作爲，你總不去干涉他！有時偏要去保護他，帮助他，養成他的肆毒手段，造就他的作惡勢力。還要……（喘疲不支狀）

（媛馥在兩旁扶掖着）

媛　我們說錯了話，又惹得爸爸動了一番氣！

馥　爸爸說得吃力了呢！

義　（張眼看子女）咳！罷罷！

媛　（看着馥）弟弟！快去倒杯熱茶來，給爸爸潤一潤喉嚨。

馥　（趨入臥房又奔出）媽媽現在睡得很熟啦！（面現喜色）

媛　哦！茶呢！

馥　（忽轉慌色）啊呀！茶壺早已帶翻，險些兒打碎，茶水一滴也沒有哪！

媛　快到老虎灶上去討杯開水來罷！

（右窗口伸出一個人頭來看着三人做鬼臉）

（馥進內間取碗走出）

（窗口人頭作驚慌狀即縮下）

（馥至外間作開門勢）

（左窗口又伸出一個人頭來向四面一望隨縮下）

（馥出門送媛）

媛　爸爸！現在好了些嗎？

義　喔唷！（負手抽腰）阿馥那里去了？

媛　覓開水去哪。

義　哦！門要關好呢！

（敲門聲數响忽呀呀門開走進一童子卽脊窗口屢次伸出頭來之人）

馥　爸爸！蘭官來哩！

義　（詫異狀）啊！蘭官！那能會來呢？是坐着車子來的嗎？是騎着馬來的嗎？還是船搖來的嗎？

蘭　趁船來的。

義　趁誰的船？

蘭　趁我自己爸爸的船。

媛　（失笑）咄！不是趁船，是雇船呀，

蘭　雇船和趁船，可有什麼分別呢？

媛　雇船是自己雇的船。趁船是趁別人的船。有這般分別！

蘭　如此說來。難道我還算不得趁嗎？

（義沈思靜聽對着蘭微笑）

媛　什麼緣故呢？（帶笑看着）

蘭　清早起來，爸爸罵了我一頓，他說：你爸爸雇的船，只許你爸爸坐。你要坐船，除非你自己去雇。我一想，沒法，就同刁二一去商量。（翹起拇指得意狀）他的本領實在大敎我瞞着了爸爸，伏在船艙板底下。妙計！妙計！怪道我爸爸要寵愛他，信任他，做一個家政的參謀長哩！

義　（搖頭嘆氣）咳……咳……咳……

媛　（注視義面）爸爸！爸爸怎麼只管嘆氣？

義　（看蘭再看媛）我想着你祖父在日，我家怎麼樣的興旺。現在呢！……咳！……說起來？總是我自己做子孫的不肖，弄到這般田地！

馥　（馥捧茶開門進來登場）爸爸！爸爸熱茶來了！（手遞茶杯與義）

義　（飲茶一口回頭指蘭對馥）蘭官在此！

馥　哦！蘭官在此，

義　（看着蘭）蘭官呀！你爸爸怎麼現在又寵信了刁二呢？

蘭　我剛才說過，因爲他的本領實在大，恐怕諸葛孔明劉伯溫碰了他，還要退避三舍哩！

義　（搖頭撚鬚）嗨！祗可憐了劉阿斗！

媛　你伏在船底下，怎能上岸呢？

義　不怕你爸爸看見嗎？

蘭　（得意笑）因爲我爸爸要去候一個朋友，把船停泊在催租橋塊下！

義　（打一個寒噤兩手發抖茶杯落作地勉强鎮定狀）咳！叫怎麼橋？（把耳湊向蘭靜聽）

（馥拾杯媛掃地畢後仍各如前狀）

蘭　（向義耳邊用勁喊着）催租橋！

義　（恢復原狀）是催……催……催租橋嗎？（提起精神）後來怎麼呢？

蘭　刁二教我，趁着爸爸不在船裏的時候，鑽出船艙板！逃上了岸！

媛　叫你到什麼地方去呢？

馥　并且你怎能回家呢？

蘭　刁二一對我說：蘭官你先到章義和家裡去罷！爸爸隨後就來啦！

（義與媛馥各作驚慌呆視狀）

（蘭環顧三人情狀心中似乎不解所以因作詫異呆視狀）

（四人面面相覷嘿然對着）

魏　（在內）喔唷！……哭聲我的阿媛呀！

媛　（驚慌狀）媽媽睡了半天，怎麼哭起來呢？

義　（傾聽狀）想是夢魘呀！（回頭看馥）阿馥去關上了門！

（馥至外間關門）

魏　（在內劇喊）不好了！我的，心肝搶去啦！

媛　（詫異狀）咦！……爸爸！媽媽怎麼說？

義　（皺眉蹙額）唔！……恐怕熱勢太重，口裡亂說吧！

魏　（在內手拍足蹬聲）還了我的阿媛來呀！

媛　（惶急狀）媽媽！我來哩！（奔進內間退場）

（馥自外間回來）

蘭　（取出袖中所藏餅餌自食）這些東西吃得厭了，覺着無味之極！（順手向地上一摔）

義　這多是小吃，本來不可多吃哪！

蘭　（指地上餅餌）我今天幸虧他充了飢，飯還沒有吃啦！

義　我們鄉下的粗飯，你要吃嗎？

蘭　很好！吃慣的要生厭，樂得換一換口味啊！

義　（看着馥）阿馥！你快去燒飯罷！我就去買菜來！

馥　吠曉得！（奔進內間退塲）

義　（對着蘭）蘭官你且在此坐一坐，我去了就來的，你不嫌寂寞嗎？

蘭　一點也不嫌寂寞，比了船艙板底下，覺着開心得多哩！

（義取籃出門退塲）

蘭　（故意靜默坐着等候俟義走出關門後即起立至左窗口頭向窗外伸探三次急縮進回頭拍手作鬼臉怪笑再旋身取瓶中花枝向窗外略招手）喂！朋友！

馥　（在內）怎麼呀！

蘭　（再對窗口招手）來呀！

（馥急奔出頭在門上一擂有响聲隨以袖掩頭自撫痛處）

蘭　（聞聲回頭太急觸着窗檻一閃帶倒花瓶瓶墮地碎水濺滿身脚下一溜跌倒地上）喔唷唷！屁股碰掉哩！

馥　（急走出來扶蘭）怎麼弄痛呢？

蘭　（手上指）可恨的一隻大老鼠啊！日裡也會出來闖禍！把瓶裡的花啣了去，還不算，瓶都被他帶倒了！我正要去趕開他！反而自己跌了一交！

馥　（拾瓶在手細看作惋惜狀）咳！累代的傳家寶，一朝壞在鼠輩手中，誰不痛恨！

媛　（在內喊聲）媽媽要煎湯吃，趕快向水缸裡去，取好了一碗清水呢！

馥　（奔進內間）阿呀！不好了！鐵鍋裡冒出烟來了！唉！我今天還沒有吃過飯，怎麼鍋裡的飯一些也沒有呢？怪道鐵鍋要燒穿了一個洞！

蘭　（走至左窗口退回以手指着左窗口）那邊靠不住！（隨至右窗口半身倚着書堆照前招手做鬼臉）我在這邊啦！

馥　（在內）可是現在粒米也不剩，怎能燒飯給人家吃呢！

蘭　（聞聲急返身衣袖帶翻書堆心一慌從書堆上直滑下來跌在地上把書弄得紛亂然後爬起

來兩手按着屁股哭喪着臉）半邊屁股跌痛了，還不算，現在好了，兩面全痛啦！（指着地上亂書）這許多害人的廢紙，要他怎麽用？早不把他燒掉了，省得別人再在寒窗下，吃無端的苦味呀！（把亂書全拾起來放好）

馥　（在內）待我去尋爸爸罷！（急走出再至外間開門出去退場）

蘭　（走至右窗口退回以手指着右窗口）這裡也靠不住！（隨跳上長櫈向窗口一望回轉頭向四面看指着通內間之門口連點頭即跳下跑至門口一望忙搬長櫈兩張疊起攔着門口）那末好了！（窗口伸出一個村童頭來對蘭笑着隨縮下）

蘭　（再跳上長櫈去望窗口又回轉頭向四面看指着通外間之門口連點頭即跳下跑至門口一望忙把疊起之長櫈卸下一張搬至此處門口攔着仍跳上長櫈去望窗口）喂朋友！！等一等我哪！（回轉頭向四面一望即向窗作跳躍勢）

童　（在內）朋友窗底下留心碎磚瓦磕痛了脚！

蘭　（再作跳躍勢）走開跳下來哩！（跳勢跌下）阿喲！脚……脚……脚……

童　（在內拍手笑）不聽好人言，該跌煞。

蘭　（在內）快來扶我呀，

嫒　（在內）我去把吃剩的藥煎湯來！媽媽！你不要睡着呢！（開內間之門欲走出被長櫈擱着）咦！那一個放在這裏呀？（搬去長櫈走出取水注藥罐內放爐上）弟弟！柴炭一些都沒有，怎麼好呢？

童　（在內）你看好了嗎？

嫒　（向四面一望）唉！人呢！那裏去了？

童　（在內）我來哩！

嫒　（望着瓶中花枝之枯梗散抛地上急俯身拾起一看）還好！要煎一杯湯的柴，有在這

裏，想也夠了！可惜怎麼溼的，恐不中用呢！（正要起立）

（童由窗口跳進從長檯跳下恰與媛之背相撞兩人都跌下童急爬起跳上長檯跳出窗外）

媛　（起立四面一望）吭！弟弟！出去了沒關上門，怪道有大狗闖進來呀！

魏　（在內喊聲）口渴啊！阿媛！湯好了嗎？

媛　（急拾枯梗至爐邊）要尋柴哩！

魏　（在內）來！把壞掉的破欓脚，去燒了罷！

媛　旲天！（急進內）

（童頭在窗口伸探三次再跳進窗口對着窗外做鬼臉隨跳下長檯立桌前）

（蘭在內把頭伸出窗口與童相對做鬼臉隨縮下）

蘭　（在內）阿喲！惹厭的毛坑！跌……跌……跌……

（復開門欲進）

戰地駕鴦　　三〇

（童聞門聲急躲入桌下）

（媛手捧破襬脚走出至爐旁作燒柴狀）

馥　（把襴着長襬取去從外間走進正間）誰把長襬襴着呀？

媛　（立起走近馥身）想來定是蘭官吧！

馥　（四面一望）蘭官呢？那里去了？

媛　這個頑皮小孩！那一個能夠管得他，一定又到別處去哩！（回看馥臉）弟弟！

你怎麼這般面紅氣喘呀？

馥　我剛到外面去尋爸爸啦！

媛　爸爸呢？

馥　爸爸叫我先回來，他還不來哪！

媛　也不會走得這般熱呀！

馥　我想着今天又要來不及交卷哩！並不覺得腳裏竟會跑得這般快啊！（回頭看見爐上有火）媽媽睡醒了嗎？

媛　媽媽醒來，口渴得很，要煎湯吃，又沒有柴啦！

馥　（呆看着爐旁枯梗極顯出惋惜狀）哎呀！這枯枝是那裏來的呢？

媛　這是在……（手指拾處）那……

（馥急趨至拾處看着地上只管出神）

（窗外忽然大顯陽光從窗口直射進來全室照耀得晶亮）

馥　（拍手跳躍奔進內間）媽媽！媽媽！媽媽今天太陽光這般好！媽媽的病，一定又會好了不少！

魏　（在內笑聲）怪道我覺得今天異樣的口渴，這是天氣和暖了些呢！

馥　（在內）姊姊！湯煎好了沒有？

媛　剛才煎好，媽媽要吃嗎？

馥　（在內）煎好了，就快些倒來，媽媽等着要吃呀！

媛　吠！倒來哩！

魏　（在內）我好幾天沒有起床了！今日遇着這般和暖的天氣，心裏怪煩悶啊！

馥　你快來扶我到窗前去，看一看太陽光罷！

得多呢！

（在內）媽媽！我扶你到正間裏去坐一坐，好不好！正間裏的太陽光，還要亮

魏　（在內）也好！不曉得走得動嗎？你試來扶我走走看！

媛　（走至門口發出歡笑聲）媽媽起床了！我來扶你！媽媽這時光的精神，比上午

好得多了呢！

（童鑽出頭四面探看作欲出不敢狀）

（嫒馥同扶魏氏登塲馥急去安排椅座魏氏靠桌坐下嫒侍立兩旁扶之）

魏　嗳呀！好太陽啊！多日沒有看見了你，格好覺得曉亮！還有幾種異樣的光彩發出來照射着，不知我心裏怎麽又換了一番景象！

嫒　（赶至窗前要關窗狀）媽媽！病還沒有大好，不要冒了風呢！

魏　（搖手阻止）有這樣的好太陽，儘管不要緊。

（童從桌底下鑽出頭來偷看又縮進）

嫒　（走至爐旁倒了一杯湯捧至魏前）媽媽！湯倒好在這裏！

魏　（手接杯震顫不支杯幾墮勉强作有勁拿得動勢）今天見了太陽，怎麽手裏也生出力氣來哩！

（童在桌下伸出頭來向上偷看張開嘴凸出眼用勁得可笑）

（嫒一手拭眼一手要去接湯杯魏不肯與）

魏　（回頭看嫒臉上嫒旋身向後）阿嫒呀！（又回頭看馥）阿馥呀！你們看見嗎？你媽媽的手裏有了勁病也快要好了！（喝湯一口）

（馥頭俯下細看母手又看母面接去湯杯）

（嫒回轉頭來又回轉頭去）

馥嫒　（同作顫聲）是呀！媽媽的病，快要好了，媽媽！你心裏寬暢些！

魏　（悲鬱中的苦笑）我心裡怎麽不寬暢呢？我一見着你們，（回頭看女）這一顆掌中明珠！（又看子）那一件傳家寶玉（很用勁地頓挫慢説）心窩裏，便自然覺得發現一種説不出的樂趣，很神秘的奇異光彩，遍普地照耀着，滿室都光亮起來！比起現在射進來的那太陽光，還要加上幾百倍的亮呢！（氣漸喘聲漸嘶嗆咳了一回）

（童伸長頭頸作看陽光狀又以一手指着喉間仿喘咳狀）

媛　（爲母敲背）媽媽！再喝一口湯，潤一潤喉嚨罷！

（馥捧杯就母口）

（魏接杯在手戰顫欲墮馥暗以手遙承其下）

魏　（面向媛呆看）阿媛呀！你面上太瘦了啊！怎麽眼睛這般紅，想你昨夜又沒有睡嗎？不知又瞞着我，做了多少生活呢？

（媛旋身向後不語）

魏　（憐惜狀）咳！從我害病以來，家裏一切雜務，都要仗着你去做！連一日的三餐，也要靠着你，從十個指頭上，忍痛耐苦的賺下錢來，帮助着爸爸去開銷呀！

媛　（回轉頭來）媽媽呀！這是做女兒的應該這樣的！記得從前，媽媽慣坐在窗前燈下，一針一針底刺得指頭上鮮血迸出，（以手拭眼）茹苦含辛底做下錢來，養到我這樣大，還要監我讀書，教我寫字哩！

魏　（一手扶頭一手拍胸）一提起從前舊事，我的心裏好像刀割一般！（點頭思索狀）我還憶着十三歲時候，做生日的那一天，送來的禮物，祇有陳道台的一座珠塔，我最愛玩。不幸的撞着了冒失小丫頭，可惜啊攢得紛碎。你外公立刻來安慰我，他說不要緊，一座珠塔直得多少錢。你家公公在京供職回來，正開着三爿錢莊，兩爿典當。他的兒子，人品漂亮，文才出衆，這才是眞寶貝呀！

馥　（用心靜聽到此忽插問）現在怎麽會窮到這般光景呢？

魏　（感傷中帶莊嚴口吻）咳！俗語說得好，坐吃山空水要乾。到我嫁來的時候，錢莊典當早已換了別姓啊！可見得資本家的財產，是靠不住的呢！

馥　那麽，最好是靠着兩隻手了！

媛　兩隻手就是隨身的永遠財產！媽媽！這句話對不對？

魏　（笑看子女）你們姊弟二人會有了這種隨身的永遠財產，將來我也放心得下哩！哈哈！

媛　像爸爸這樣勤儉，這樣誠實可靠，何至於買盡田地，做一個欠租的佃戶呀？

魏　你爸爸嗎？做人是極好！可惜生長於富貴之家，幼年時候，免不脫紈袴膏粱的習氣。到成家後，自己覺悟，立志勤儉起來；但是生性慷慨，施與不吝，雖家道衰落，甚至貧無立錐之地，仍舊不改從前慷慨豪爽的態度；所以親身手裏，辛辛苦苦做下來幾個錢，統統把他用在公益面上去，做救濟事業；家裏剩不得二升米，定要借給人家一升。（咽嗚吞泣聲）咳！可憐弄到現在呢，要向人家賒欠半升米都不能！（氣急斷續悲聲）這幾年來，日子愈過愈難，那能

不會欠租呢！（涕淚交下喘極）

（馥媛皆掩面飲泣不能仰首）

（童在桌底下時蹲時爬或鑽出頭來或縮進去從魏氏登場後直到此刻每聽得上面說一句他就表情的做起一種手勢來）

（窗外陽光忽隱室中頓覺黑暗異常）

魏　（脚觸着童）打狗！桌下有狗呀！

（馥媛各以脚踹桌下童大窘）

魏　（懊喪狀）阿呀！可愛的太陽啊！你到那裏去呀！（忽轉戰慄狀）天快要發風了！

哈噓！（接連喘咳幾聲）

媛　媽媽呀！不要傷了風，還是到房裏去罷！

（馥媛扶魏氏退場）

童　（鑽出立起一手拍胸一手拍頭）喔唷唷！做了半天的囚犯，好不難過！（急跳上長櫈向窗口一望跳下去）

（義手拿食物籃開進門來隨手上了門）

童　（在內）喂！城裏朋友毛坑裏的滋味好不好！

義　（走進正間內面一望）阿馥呀！還沒回來嗎？（再走向內間門口一望）阿媛吓！怎麼開了大門，外面一個人影都沒有？

媛　（在內）爸爸回來了！

馥　（在內）爸爸買的那一樣食物呀！（奔出向食物籃中一看面現笑容）這樣食物很開胃的，媽媽吃得嗎？

義　也吃得！你媽媽睡醒了不！

馥　醒了好久，正等着哩！

戰地鴛鴦　四〇

（義馥父子正向內間走去）

（外面敲門聲甚急）

刁　（在內）屋裏有人嗎？

義　（立定）外面什麽響？

馥　（立定）像是敲門呀！

義　你去開看！

（馥急赶出義慢步隨着）

刁　（在內高聲）章義和在家不？

馥　（向義低聲）來看爸爸呀！

義　（向馥低聲）你問他是什麽人！

馥　（高聲）外面那一個？

（義俯身就門貼耳外傾聽狀）

刁　（在內突發厲聲）嚇章義和在家不？

（義聞聲驚跌在地急以兩手向馥亂搖嘴向前伸頭向旁搖晤示馥不可開門狀）

（馥扶父起立以手作勢晤示入內間暫避狀）

馥．（旋身向門）爸爸不在家，有什麼事？

刁　（在內威𠻳口吻）署裏有緊要公事，快開門！

義　（驚倒在地低聲）哎喲！不好了！

馥　（雙手扶父口裏作哀聲）今天爸爸不在家呀！

刁　（在內發怒聲）只管嚕囌，（同時頓足打門一聲）

（義慌極剛扶起又跌下）

刁　（在內嚴酷聲）還不開門，（同時頓足打門一聲勢加重）

戰地鴛鴦　四二

（義正將爬起復跌下）

刁　（在內惡毒聲）把你的門都踢下來！（同時足踢拳打一聲勢更重）

（義兩手正用勁在地撐起仍跌下）

（外面踢打聲斷續同時義一爬一跌一撐一跌極驚慌狀）

（註）表演方法妙在門聲每一響必作一次重頓此時正值將要爬起或撐起之狀忽聞聲而心慌仍跌一副情急萬分之狀須要盡力描摸形容他爬都爬不起那能走呢

（馥用力拉住父衣一步一跌的拖他到正間暫息忽門聲寂然急扶父起立）

義　（靜聽作自慰狀）門聲怎麼沒有了？

馥　（傾聽狀）咦！果正不聽得呀！

義　（拍額捋鬚作自振勢）好了！（拍胸）可怕啊！

馥　爸爸平日教訓兒子，慣說：做一個人，總要貧賤不能移，威武不能屈。怎麼欠了一些租米，今天就這樣嚇起來呢？

義 （憂鬱狀）咳！你竟沒有讀過書嗎？苛政猛于虎！古今情形，那有不同的道理！還恐後世手段的惡辣，心術的狠毒，正要遠勝着古人多哩！你想我們都是慣受壓迫，毫無抵抗的可憐鄉民，一朝碰到了這些狐羣狗黨，仗着錢神的勢力，借着虎牌的威權，要來欺剝我們，那得不怕呀！

馥 怎麽我們不開門，他竟不敲門了，想是……

（忽發砰硼大聲，震動窗壁，嚇得義和跌仆倒地，只管發抖）

（大門一扇坍倒在地，門外有一人美髯豐頰，氣宇軒昂，儼然富紳的態度，後面有一人滿面奸惡的跟隨着，此即文仁甫，刁二，主僕二人從門倒處邁步登場）

仁 （牛行鴨步的邁踱進門，急立停）刁二！

刁 （搶上一步立停）老爺要怎麽？

戰地鴛鴦 四三

（義聞聲急起立向窗口跳出）

仁　（一步一看的走着又立停）我的旱烟筒呢？

刁　（立停）忘帶了嗎！老爺請裏面去坐好了！我到船上去拿來！

（主僕二人一步一看的慢慢走着）

義　（在内驚聲）阿呀！蘭官怎麼會弄到面上都是金汁？咳！

蘭　（在内）他剛才從毛坑裏拖我出來呀！

（主僕二人剛正走到正間門口又皆立停）

仁　（回顧刁）我要吸烟哩！赶快去拿來！

刁　呋！曉得！（暫退場）

仁　（踱進正間向着馥）有人在裏面嗎？

馥　（偷看着窗口）爸爸已經出去了！（忙搬椅子）請這邊坐罷！我去泡茶來！（入内

取壺出就爐煎茶）

仁（手向靴統裏摸了幾下取出旱煙筒一看笑着）咦！原來在這裏！（裝滿了煙走就爐上點着火一面吸煙一面踱步在室中走一個圈子四面望看走到長檯邊取花瓶底座細玩點頭作默賞狀然後走向椅子坐下一手執着旱煙筒一手弄鬚兩目向上斜視作腦中盤算狀）

刁（在內）蘭官！爸爸來了！赶緊到船上去罷！

蘭（在內）我就去哩！

刁（在內）我敲了半天的門，找不着你半個人影，你原來躲在此地呀！

義（在內顫聲）刁二哥！什麼事，有話好講啦！

刁（在內）你還不走，蹲在此地怎麼？

義（在內哀聲）我的肚裏一陣一陣的痛得很緊，要來登坑啦！

刁（在內怒聲）你早不登坑！晚不登坑！偏要在這歇時候來登坑！難道饒得了

你不成？呔！快走！

（刁二扭住義和在窗口內自右向左走過）

仁　（口啣旱煙筒吸了一回忽擺頭縮鼻放下煙筒）哼！我的租米，會放你賴得成嗎？咳！

還是同刁二一來商量的好！

（馥獻上茶仁接杯在手馥退場）

刁　（拖義上場）老爺！章義和尋到了！怎麼吩咐？

仁　（莊嚴態度放下茶杯）唔！你欠着我的租米好久，怎麼不來還呢？

刁　（調笑口吻）你做佃戶的，不把租米親自送到倉廳裏去，還要老爺上門來討呀！哼！竟會這樣不懂道理！

義　咳！今年田裏，粒米不收，一家四口的吃米，正向着米店裏去賒欠呢！

刁　（調笑）你這個人眞會打算，欠了老爺的租米不夠，還要去欠米店裏的糴米！

義　這也貧窮的苦處，沒法的呢！

仁　哼！田裏不會出米，還有那一個肯去種田呢？

刁　老爹聽他？靠在柴積上晒日黃說熱昏話！

義　刁二哥呀！並不是我說謊，你不妨探聽左右鄰村，那一個不說：近段一帶的田畝，怎麼偏要靠近着大路，田裏的稻又嫌長得太慢，夠不着給多少馬匹做一頓吃料。我們村裏的小百姓呢，都是胆小如鼷，聽着一些風吹草動，早已大哭小喊，亂跑不了；自己還不知到什麼地方，才能安頓；那有空閑着身體，到田裏去工作呢！一個人雖然硬着頭皮，拼着老命，究竟無濟于事的！只怪着神農氏發明了農具之後，怎麼不體恤中國人守舊的心理，早把耕種的機器流傳下來！好像外國人那樣聰明，自然一二個人也會管理着許多田畝裏耕種的工作，豈不人工少了，出産反多嗎？！咳！可惜以農立國的中國，快要追不上歐美農業的後塵了！像我輩這般老朽不中用的佃戶，當然要在淘汰之列啊！（悲壯激昂的聲調愈說愈有勁這時竟忘了自己的地位態度）

刁　老來話多，最覺討厭呀！

仁　（感動之後仍轉到威嚴的態度）别的也不必多講，現在你且把欠我的租米來還我就是啦！

義　（慷慨態度）欠着租米，當然要還啊！

刁　好（傲笑聲）趕快還出來！

義　（悲憤交感着）但是家裏拿不出一粒米來，怎麽好呢？

仁　没有米，把錢來折抵也可！

義　（哀聲）可憐錢也没存得半文！

仁 （怒聲）嚄！你竟想要賴租嗎？

義 （顫聲）不……不……不敢賴租！

刁 （調笑）他從前會賴債，現在自然會賴租。

仁 你前年賴了我的債，去年才把抵押品的耕田，推讓過來。

刁 你想老爺處三分錢的利息，祇還清了二分半；我的中人錢，也還欠了一小半；若不是老爺大發慈悲，哼……哼……哼……

仁 你這個人眞不識好歹！我家裏不少了你幾畝田，祇因爲可憐你年紀老了，免得你去買男鬻女，省些煩惱，積些陰德，那就顢顢頇頇把田畝沒收下來，我總料不到未滿一年，你又想要賴我租米啊！

刁 （上諂下傲的態度）該田的大戶，要不靠着收租米，那末良田萬頃，要他做什麼用處？種着人家的田，要會放他賴得租米，有了這樣的業主，你們佃戶還要好做啦！

義　（搖着頭斜視刁二咳了一聲嗽）咳！（儼然一副正直無畏的神情）天生人類是個個一樣平等的，有什麼階級的界限應該劃清；我們若不是爲了經濟上受着四圍環境的重重壓迫，免不得已出此下策；倘然還有一線生機之路留給我們，可以脫去種種不自由的束縛呢，本來有那一個自願低首下心，來做半奴隸式的苦佃戶啊！

刁　（慚愧發怒）呔！你的嘴裏只管不清不爽！誰來同你講什麼道理？你欠了老爺的租米，今天怎麼樣交代？（指着窗外回顧仁甫）老爺天上的濃雲密佈着，不要有雨呢？

仁　（看着窗外點頭）唔！（回顧刁二）刁二！赶緊向他追還了租米，我們回家罷！

義　（情急狀）叫我一時拿怎麼來還呢？（乞憐聲）請你原諒我的窮苦罷！再不然，

就請寬限我幾天呀！

仁　各處的租米都已收齊，祗剩得你一戶了！（厲聲）嚇！今天你究竟還不還？

義　（哀顧乞憐聲）啊呀！今天實在沒法想啊！

刁　（威嚇口吻）不還嗎？！唔！老爺脚鏈手拷都帶在這裏！（取出鏈鎖向地下一擲）

（義嚇得兩脚儘抖幾乎軟倒勉强撑住）

仁　他家裏錢米都沒有，怎麼辦呢？

（馥立內間門口看着）

刁　（偏着嘴唇）怕他屋裏一樣東西都沒有嗎？

（義看着仁仁看着刁刁看着義三人嘿然相對）

馥　（在內間退進顫聲）媽媽呀！姊姊呀！他們要把爸爸鎖起來了呢！

甄　（在內哀鳴的喊着）還你的錢，我有在這裏！饒了他罷！不要鎖呀！

（刁對着義暗笑地只管看）

魏　（在內斷續聲夾着喘嗽聲）阿馥來呀！快把我床壁角裏，枕頭底下，墊褥的夾層裏面藏着的一個破手巾包，拆斷了縫線，取出來，解開了結，把我歷年來所剩着的老宿貨，統統交與你爸爸，去還了欠租罷！（聲漸底微）

馥　（捧手巾包出將遞給義手狀）爸爸！這是媽媽半世的指頭上鮮血換來的積蓄，用剩的老宿貨，統統在這裏，把他還了欠租罷！（咽嗚斷續地用勁說着）

（仁聽着連點頭一手撚鬚凝視父子二人的神情）

（刁很詫異地兩眼不瞬的呆看着）

（義忙接包在手把玩細看似不忍拆解狀主僕二人的目光强烈地注視包上似促催速開狀）

（義兩手顫巍巍地捧着包慢慢地把外面破舊手巾包拆斷了線解開了結打開來把歷年一次一次加添上去的重重包裹好像剝筍殼似的剝去了一層又一層細心緩手地一層一層儘管剝着

士僕二人用勁細看着看得出神末了現出厭煩催促的神情）

（幾十層剝去了之後內中一紅色紙包現出來義解開紙包很鄭重謹慎地把包中的寶貝取出恭敬莊肅地雙手捧好士僕二人一步一步的逼近身來各各伸長頭頸團聚爭看一見之下却原來是一塊青綠斑爛黑黴慘暗的藏煞銀幣義用着全副精神顫巍巍地獻上來交與刁二）

刁 （接在手中看了一笑忽一怒把他摔在地上）唉！這一些老宿貨，夠得幾個錢也虧他拿得出哼！這正是九牛裏的一毛，給我老爺倉廳上米囤裏的偷米小耗鼠看見了，定要笑死一萬隻湊不上欠租的折抵數，離開得正遠着呢！

仁 （回顧刁）先把他權且收了罷！（刁拾起了銀幣）你再看他家裏，還有什麼東西，可拿出來湊數的呢？

（刁闖進內間一次一次的搬出了許多家用器具和牲畜堆在一起）

（義呆立看着只管飲泣）

刁　抄他的家，抄了半天，僅僅抄着這些東西，一趟一趟，腳步却是費了不少。(作思索狀)哦！有了！把他外面的大門踹下來，連着裏面的天然几，八仙桌，破茶几，破書椅一箍腦兒，扛到船上去罷！

仁　這些笨重的東西，不過多壓了船上的水腳，究竟值得多少錢呢？還差得遠哩！

刁　老爺！怎麽才好呢？

仁　他的房間裏面，還有什麽小巧玲瓏的值錢貨色嗎？

刁　(入内復出)除了他的病妻䠒的破床以外，别的統沒有了！

仁　(立起身作將走狀)刁二！既然如此，我們去罷！

刁　(點頭一思索間忽然計從心生)老爺且慢！還有一件珍寶留着在裏面呢！

仁　(驚異狀)是什麽呀？是那一件呀？

刁（嘻皮笑臉得意狀）是一顆活寶夜明珠，會吃會跑會哭會笑，老爺一定很歡喜啦！

仁（猜不着情急狀）究竟是那一樣呢？

刁 哈哈！是一個玲瓏可愛的小姑娘呀！帶回家去，做一個貼身服侍的小丫鬟，一定比較各種珍寶玩具要稱心如意得多哩！

仁（樂得神情大類發狂似的）好啊！現在有了這顆解人頤的化氣丸！夠得千金的價值！其餘的一切東西，統統還了他罷！

刁（笑着看仁忽旋頭對義）我們的老爺，究竟慈悲得很！爲着可憐你沒有錢，今天格外開恩，連一樣東西都不帶回去；臨末了，反而再要替你分擔着一個女小孩的衣食，也可以省得你一支開銷，少費你一番心機，有多大的恩惠呢？想你心裏，應該感激到怎麼樣啊？

（義呆立着哭笑都不得萬分難過狀）

刁　（强迫口吻）你赶快把你的女小孩叫出來，送給老爺罷！

義　（如聞霹靂驚醒的慌張狀）這個不可以！我欠的是租米呀！無論什麽東西都可以拿去聽憑你作價，做折抵欠租的相當物品。我的女兒怎麽可以當作折抵物品呢？那里聽得有這種道理呀？這個萬萬不可以！

刁　（怒目對義）咳！你還不肯把你的女小孩叫出來，送給老爺嗎？

義　咳！你想人家親生的女兒，從小鞠育教養到長大成人，不知費盡了多少心血；現在要强迫他送給不相干的旁人，當然不肯啦！這樁事那能辦得到呢！

刁　（厲聲）辦不到嗎？

義　果正辦不到呀！

刁（怒聲）你看我偏要辦到！

（刁闖進內間拖靜媛出媛哭泣）

義（泣聲）阿呀！我的阿媛呀！求你饒放了他罷！現在她的媽媽，病勢沉重得十分厲害，朝不保夕，生命危險，恐怕就在頃刻之間！正要靠着她一個人來服侍啊！她若一刻離開了，她的媽媽就一刻沒有命活了！你若奪了她媽媽的女兒，就差不多奪了她媽媽的生命呢！老爺呀！請你開一開恩！刁二哥呀！請你發一發慈悲心！總要求你看在她的媽媽面上，可憐她媽媽的重病危急萬分，沒有人來服侍啊！老爺呀！刁二哥呀！請你饒了她可憐的身體！請你救了她媽媽的苦命！

仁（吩咐刁二）莫管他，把她帶下船去罷！（拿出袋中表一看）哎呀！時候不早了！我還要到天良慈善會裏去做善事去呢！（先退場）

戰地鴛鴦　五八

（刁上前抱住了靜媛）

媛　（哭罵着）你們這班不開面的惡强盜！借着公事的假面具，白日裏也敢闖進人家内室；究竟是來討租呢？還是趁風打刼的强搶良家閨女呢？哎呀！我的爸爸！哎呀！我的媽媽！救命呀！救命！

（刁不顧搶着步往外跑義和趕上去欲奪回勢被刁一推跌倒在地正要爬起刁又一腳踢去遂倒地）

魏　（從内間追出帶哭聲）阿喲！我的阿媛呀！你媽媽赶來救你了呀！（足無力滑跌勉强爬起一步一跌的赶着）阿喲！我的心肝呀痛死我呀！（痛哭跌倒正爬起回頭看見義和暈倒在地）阿喲！（倒地氣絶）

馥　（從内赶出）嗄！青天白日之下，也竟胆敢這般的横暴，還有什麼法律呢？還有什麼理性呢？待我來呀！（見着父母都跌倒在地）阿呀！不好了！爸爸呀！媽媽呀！

（哭聲）怎麼都跌倒在此呢？

義　（驚醒爬起四面一望）阿呀！我的阿嫒呀！（回顧家馥）阿馥呀！（走到魏氏身旁用手向她胸膛一摸）你的媽媽呢？阿呀！不好了！氣息都沒有了！

馥　（他向魏氏胸膛一摸）阿呀！我的媽媽呀！我的媽媽！……（跪在魏氏身旁只管哭）

義　（悲壯激昂聲）阿呀！萬惡的土棍啊！你竟敢拿出這般殘忍的心腸，用出這般惡毒的手段，來欺壓我們一輩子安分守己，毫沒抵抗的無辜良民；好端端的一家人家，被你這種不顧人道的慘酷行爲，弄得我們窮苦小百姓的夫妻男女生別的生別！死離的死離！阿呀！萬惡的土棍呀！你們的一顆心，怎麼這般的黑啊！你們的一雙手，怎麼這般的辣啊！（立起身來向着外間跑）阿呀！我的阿嫒呀！（狂奔似的赶下退場）

（場上只剩得家馥低頭俯伏在他的可憐的母親身旁）

漪蘭戲劇集

渏蘭䟒劇集

民國十八年十月十日初版
民國十九年四月一日再版

第一集月夜琴聲
漪蘭戲劇集
定價三角

編著者　社長楊踐形
出版處　漪蘭藝術社
總發行所　無錫北大街 學海堂書局
經售處　各省各大書局
印刷處　無錫 公園路盛巷口 協成印刷公司 電話九〇九

漪蘭戲劇集序

侯敬輿

楊子踐形。余莫逆交也。博聞強記。穎悟過人。經史百家佛老之學靡不通。教務之暇。輒事著作。所著如六書源流詳攷數棋遊藝易學演講錄諸書。余既爲之序而風行宇內矣。今又著漪蘭戲劇集以索序。楊子可謂多才多藝矣。翻閱一過。曲折細膩。固不待言。即如籠鳥怨中甄百善之懦弱。賈氏之暴悍。而養成家庭之不幸。錢多才之刁惡。而不得善終。意寓諷世。自成褒貶。而以籠鳥爲起迄之鍼線。章法尤爲完密。劇而如此。曷可不爲之序。然如劇中之甄翁也。賈氏也。其眞耶。其假耶。（甄音近眞 賈音近假）劇本兒戲。眞即是假。假可爲眞。眞之可。假之亦何不可。眞耶假耶。何從辨之。何暇辨之。亦何必辨之耶。且夫天地一舞臺。山川莫木禽獸蟲魚。舞臺上之布景也。古來聖君賢王。名臣良將。英雄豪傑之士。以及盜國之奸。劇中之人物也。國家之隆替興衰。民間之悲歡離合。劇中之情節也●一朝之亡。一代之興。幕之啓閉也●然則我固劇中之人也。立身事外以觀世變。是猶劇中人之退爲觀客也。觀客之觀劇。所見莫非是假。身處其中。雖假亦疑是眞。今之身處劇中。不知眞之卽假。退處劇外。亦不識假卽是眞。諢諢譊譊。擾攘不已。良可哀矣。

序二

錢松岩

楊子踐形。性沉穆。善屬文。去秋余與邂逅於錫邑競志女校。情意眞摯。相談歡若平生。今秋余兼競校教課。與楊子過從也數。乃知不特豪於文。而博聞强記。罕與匹儔。上自先秦百子之説。下迄宋儒理學。旁及釋氏妙義。以至異國文字。訓詁目錄之學。音律六法之藝。無不探其源。窮其奥。而擷其英萃。嘗著易學叢書行世。近復闡述音韻源流。亦垂成帙。世之多才多藝。孰有逾於楊子者。今年雙十節。競校舉行二十五週紀念典禮。並以遊藝助興。余於諸齣中。楊子所編月下琴聲及籠鳥怨二劇。嘆觀止焉。不圖楊子之尙有如許閒情逸致一至此也。余嘗按文學戲劇。以及繪畫建築音樂舞蹈。均隸藝術。而戲劇。藝術之綜合者也。劇場needs乎建築。背景需乎繪畫。絆奏需乎音樂。動作需乎舞蹈。而最重之關鍵卽在劇本。劇本文學也。吾國元代文學史。以戲曲一頁爲代表。歐西梅得林。莎士比亞。戲劇家亦文學家。

今楊子擅文學。戲劇固其餘事矣。余又觀夫偉大之藝術。無不具有至情之流露。所謂感情移人者是。個性表演者是。藝術品之偉大。卽作者人格之偉大。寫其偉大之人格於藝術。卽藝術內生命之所在。而作者也。作品也。打成一片。不可復分。故能感人也深。當競校諸生演此二劇時。觀者俱爲動容。甚有涕下者。吾知楊子之必有所以致此者在。楊子學養有素。靜觀世變。所得也詳且周。況乎描寫以生動之筆。吐露至眞之情。其作品之偉大。又安待贅。乃者。楊子將詳梓其劇稿。徵序於余。藝術有普遍性。本當餉之世人。以共沾濡。固不容其懷寶自祕。惟是不學如余。烏敢致一辭。讀是篇者。自有所得也。

民國十八年十月。錢松岩識於無錫縣立女子中學。

序三

龔寶變

闡發人民智識之利器。莫如提倡通俗教育。今之先知先覺。從事於通俗教育運動者。不可謂不熱心。攷其所收效果。幾等於零。此何故歟。曰無他。其失敗之焦點。全繫於提倡之缺乏誠意。何以見之。大抵若輩從事是項通俗教育運動之目標。可以三字包括之。曰名。曰權。

序　四

曰利。未得名權利之前。則假提倡通俗教育之美名。以釣沽之。既得之矣。不問所提倡者之事實若何。成績若何。而已自詡成功。志得意滿。更無改進之可言。此我國雖日事提倡通俗教育。效果幾等於零也。不亦可痛可悲可笑可羞也哉。邑楊踐形先生。文學兼藝術家也。抱普及通俗教育之志。有改進社會風化之心。服務於教育界有年。不求聞名於世之所謂大人先生者。獨慨然以普及通俗教育。增進人民智識爲巳任。口講指畫之餘。從事著作通俗教育專著。出其勞瘁心力所得之薪水。爲刊賫。世俗之士。不識先生有改進社會風化之苦心者。必將譏先生之至愚乃爲此損巳利人之愚事。然而楊先生行之若素也。最近又著漪蘭戲劇集一册。細讀其內容。寫盡兩性間愛情之眞價値。眞面目。大可以作今之誤談愛情者之當頭棒喝。其中描寫軍閥後裔黄伯檀。尋花問柳欲得妙秋而甘心一節。第覺字裏行間。愁雲慘霧。暗無天日。誠與記賬式之文學。有霄壤之判者矣。此劇表演於舞臺之上。可憤處。能令觀客目眥盡裂。可喜處。亦能使人心花怒放也。故是項通俗文字。不但切合通俗教育。且値此人慾横流之秋。大可警惕一般自詡翩翩之輕薄青年。彼自負提倡通俗教育之先知先覺。觀楊先生之

劇。讀楊先生之文。能毋有愧於中乎。是爲序•

序四

周襄臣

有意爲言。其言未必可述也。無意爲言。其言未必不可述也。蓋言者。所以達人情維風俗也。言不本乎人情風俗。雖至言不足述也。言苟合乎人情風俗。雖俚言亦足述也。古之善言人情風俗者。莫如詩。在作詩者。未必有意乎言。亦不過感乎情。觸乎物。逞心而出。布爲歌謠。後之人諷詠之。玩味之。其悲歡離合。聲音笑貌•如親見之。以其善言乎當日之人情風俗。而足以感動後日之人情風俗也。自風雅變爲律賦。律賦變爲詞曲。詞曲變爲戲劇。其中形形色色。怪怪奇奇。陸離斑駁。喜笑怒罵者不一。而所以傳於世者。皆有合乎人情風俗也。梁溪楊踐形先生。潛心經史。旁通乎九流百家。其所著述甚夥。一日其弟毓鑫以漪蘭戲劇集見賞。讀之知爲先生之戲言也。然言雖戲。其亦有感於人情之叵測。風俗之澆漓。而爲是言歟。雖於先生不過龍之一鱗。豹之一斑。而可歌可泣。可悲可喜。可雅可俗。曲肖乎人情風俗。如暮鼓晨鐘。有足發人深省者。其殆有風雅之遺音歟。爰序數言。以質諸當世之君子焉。

序　五

序

序五

龔笠如　六

秋風鏫鏫。秋雨瀟瀟。孤館無聊。倍深悵悒。舊友楊君造余廬。出示漪蘭戲劇集。曰。此吾家踐形先生所作也。先生精易象。窮性理。著作等身。此其戲筆耳。雖然。是劇也。舉凡孝弟忠信禮義羞恥。可敬可慕可歌可泣之事。一以隱語陳之。子不可以不讀。且不可以無言。余受而讀之。集凡兩劇。曰月夜琴聲。曰籠鳥怨。絮果蘭因。婉言曲諷。俾家人父子。離合悲歡之情狀。躍然流露於行間。無所遺。於是作而言曰。天地一逆旅也。光陰一過客也。芸芸衆生。熙來攘往。以色聲香味觸法是務。特自擾耳。使無耳目口鼻心意之顧。則白雲蒼狗。聽之可已。惟其有之。斯善惡於是乎作。而廢興成敗。亦相尋於無窮。是則踐形先生之戲筆。將本其善善惡惡之忱。示人以南鍼。而出之於廢興成敗之規者歟。余又安敢以無言。是爲敍。

中華民國十有八年十月龔寶瑗敍於烟書屢

序六

陸彭齡

原夫巷語街談。道聽塗說。此乃狂夫之建議。實出稗官之支流。上溯夏商。有觀問風俗之舉。下迄明清。多衣冠談笑之倫。故孔子亦曰。雖小道。必有可觀者焉。至於用淺顯之筆。寫雋永之文。假滑稽之語。發隱幽之心。是爲社會教育之先鋒。人類勸善之利器。無如降之近代。道德淪沒。世風澆漓。彼無恥才人。常以小說爲釣名之鈎。財迷文丐。均藉劇本爲弋利之具。是故括綜纏絡。無非風月柔情之作。絕長續短。俱是中冓穢語之文。害過于洪水之獸。毒甚於永州之蛇。鄭聲亂樂。實等天魔。利口覆邦。無異撒但。幸有如來。入地獄爲衆生說法。喜逢老子。出天宮從兜率現身。日月出而爝火自息。孝慈心生而邪說乃亡。吾邑有中一子楊踐形先生者。于生時則書吐玉麟。圖負龍馬。幼具智珠。長得古尺。承四聖之心傳。將五常兮自倡。闢邪說而踐道德。倘感化而崇善行。力作君子之風。以偃小人之草。苟得狂瀾可挽。庶乎砥柱中流。於是著作等身。不外隨緣說法。戲遊圂跡。莫非點石度人。最近又

序　七

有漪蘭戲劇集之編焉。月夜琴聲。道愛情而寓摯孝。樊籠鳥怨。本齊家以勸仁慈。其用墨之妙。如莊子南華。警世之心。勝太上感應。金聲玉振。戈揮日回。頑廉懦志。鄙寬薄敦。懸金當時。擕覽於呂侯。寄音後世。調聲於師曠。彭也不文。書之於前。佛頭着糞。筆之於後。狗尾續貂。己巳應鐘天甯後學陸彭敬序。

序七

周應龍

負藝術之使命。而任社會之責者，其維戲劇乎。戲劇之爲藝術。不僅鑑賞陶冶而已。凡人心之險詐。世態之炎涼。無不描寫盡情。揭穿黑幕。顯示諷刺。陰寓懲勸。使觀衆於一事之前因後果。想見其理之所不免。勢之所必至。而深加反省。則自知警惕。不啻暮鼓晨鐘之足以振聵發聾也。此卽楊踐形先生所編漪蘭戲劇集之用意與。不然。先生正潛心於漢宋之學。肆力於科哲諸書。研幾之餘。更上稽虞夔之遺響。旁及歐美之聲理。而作音韻分類源流攷。甯力尙有閑晷。以從事游藝耶。然則先生編劇之用意。可想見矣。日昨以事過錫。造謁先生於競志女中學。先生方挾其所編人生哲學講義。自高中三年級教室來。相與晤談移時。卽出漪蘭戲劇集見惠。復授二年級心理學去矣。歸寓。展玩劇本。愛之不忍釋手。尤喜月夜琴聲一齣。能由獨幕劇表出複雜情景。其中點綴鬬筍。無處非匠心獨運。別抒靈機。固知先生此作。不苟與凡衆同響也。編劇難。編獨幕劇尤術。編獨幕劇而能兼臻文學藝術之勝。恰到是處。爲難中之難。坊間劇本雖亦數覯。然審其結構。揆其命意。實無一足取。良以戲劇爲文學藝術綜合之作品。徒有文學而乏藝術。則不能動觀衆之興味。僅有藝術而缺文學。則娛樂之外。無意義與價值可言。求能二美畢具。兼得當時之同情。與事後之反省而警悟者。其惟漪蘭戲劇集乎。巽言貴繹。規世以諷。於是焉輔助教育之效益。改進社會之風化。造福人羣。夫豈淺鮮。有社會教育之責者。其人手一編也可。是爲序。

陸鶴年

序八

十八年雙十節。競志女校二十五週紀念。同學有以編劇煩楊踐形先生者。得月夜琴聲籠鳥怨二篇。持以示余。初余識先生未久。周易小學諸書。則既得開其說而服膺不已矣。以爲戲劇將亦如肆坊所列。千象宂雜。沙泥馳下。與小說筆記同出一類。第角色對語耳。安知有大謬不然者。讀罷躍起。不能釋手。是則所謂藝通於道。一以貫之者與●先生之言曰。戲劇也小說筆記迥然不同。舉其一而不遺其十。表其微而顯者皆見。一班以窺全豹。是則戲劇之旨也。其用心之苦樂何如。余不文。安能窺入堂奥。直以今秋執教是校。喜於暇時得常承教。故敢以是進。

陸昌齡敬序

月夜琴聲目次

月夜琴聲本事

孤燈守午夜，
萬籟寂無聲。
撫琴自訴心中怨，
邀月共談曲裏情。

碧院深鎖黃花漸瘦。繡緯中一女郎，倚窗獨坐。手理絲弦，眉綰柳結。雖顰頗顛領，黯然困愁城之銷魂。而落雁驚鴻，悅豔歎洛妃之失色。此何人歟。非即孤獨無依，寄人籬下之弱女子何妙秋耶。妙秋生長世家，自幼席豐履厚。雖掌上鍾愛，而素嫻姆敎，絕無嬌養慢縱之態。夙稟庭訓，特擅書畫音樂之勝。每當天清月朗之夜，琴歌一闋，餘音繞梁。且天姿秀美，神韻倩麗。雅工辭令，尤長交際。彼都人士，無不傾倒。以故君子好逑，日有數起。而乃父母不忍遠離，每託詞以峻拒。雖羅敷漸長，已屆瓜年，而雀屏未選，東床猶虛。厥有黃伯權者，軍閥之後裔，權貴之庶孽也。紈袴成性，膏粱喪志。飽暖之餘，非博樗蒲之戲，即問桃源之渡。

月夜琴聲本事　一

月夜擊柝本事

乃廣結狐黨，憑藉虎威。縱觸國網，而長城可恃爲護符。是以道路側目，而莫敢奈何。不知斂迹，又復想入非非。向何宅強委禽焉，求願爲入幕之賓。利誘威脅，大有非成弗罷之勢。第何父恪守詩禮，夙重名節。當黃父初綰軍符，雖曾一度爲之祕書，而好惡異趣，覺以匡諫不從去其職。卽伯檀幼時，固已知非箕裘之子矣。豈肯爲利熏威屈，貿然允許，而棄愛女之一生耶。乃黃父家邦不御，四播穢聞。帷薄不修，偏多內嬖。蛾眉擧首，爭寵於前；社鼠城狐，交讒於後。型妻無術，乃至棄妻；教子無方，居然縱子。聽信伯檀之讒言，鍛致黃父於非命。擅圍黃宅，疑襲敵營。其志欲得妙秋，而甘心焉。奈齊鄭無緣，網羅空密。黃父魚漏，處女兔脫。屋可封，人不可致也。悲哉妙秋，喪家無歸，離雙親以子身。雖有叔而如虎，明知薄幕，燕巢難容。箭火急燃眉，不得不暫棲一枝，爲暫避之計。奈紅顏薄命，巧事偏多。一波未平，一波又起。桃源葩豔，頻來浪蝶之媒；菊圃卉黃，易惹探花之客。睹此天香國色，誰能無欲忘情。是以王孫公子，莫不走馬問津焉。而叔也奇貨可居，阿堵是癖。幸植此搖錢之樹，願假爲鑽狗之途。無如塞外孤鴻，常懷燕雀；林間鳥鵲，不樂鳳凰。欲全冰玉之姿，竟苦風塵之足。遠離家鄉，投奔親戚，依其表妹倪妙倩居焉。妙倩者，豪族掌珠，倪家少女。不嫻內則，專務時髦。其待妙秋，初尚善視，繼乃厭惡。致使麗容秀娟之美姿，靜媛名姝之素質，深鎖於愁城困，之中，終日掬淚以洗面。大可憐矣。廣見之評必詬倪女之漠關戚誼。而知心之論，又歎妙秋之別感傷心矣。

蓋有柳憐秋其人者，何父之寄兒，卽妙秋之學友也。風流名士，倜儻少年。瀟灑出塵，雋穎拔俗。蘭亭集詠，美毗王氏之風。玉樹搖委，秀軼謝家之寶。斯正雞羣之丹鳳，天上之石麟也。雖二老慈懷，久欲與佳兒求佳婦。奈一心癡念，但願從良友結良緣。是以高堂年老，中饋猶虛。非云敢效於獨身，祇是悲傷夫折翼。追懷舊事，觸悵前情，憶吾二人所居誼切比鄰，自幼情逾兄妹。出則同遊，入則同息，飯則同席，學則同窗，行則駢肩，居則促膝，聲容日接，形影不離。每當嬌秋良夜，明星拂地，銀河在天，攜手園亭，撫琴玩月，我歌汝和，此樂何極。二人最愛和唱者，厥有月夜琴聲一曲。曲凡九轉，其第三轉之詞曰，

西窗待月明，　深夜琴絃靜。
霓裳一曲，　天上步虛聲。
碧波縈，　萬里拋金餅。
未央殿，　訂三生，　憔悴祇爲卿。

月夜琴聲本事

三

月夜琴聲本事　四

長而負笈從師。仍是同伴攜手直至學校畢業。互餞分袂以來。適當軍事之際。鶴淚風聲。雁沉信杳。縱懷卿。我莫卜死生。至於夢寐之間。疑若幽明之會。耿耿此心。能不黯然傷神。卿固如是。我何不然。嗟夫嗟夫。淚片時而百下。腸一刻而九迴。此情此景。何堪自慰。既而烽火傳警。杯弓致疑。一夜數驚。大有草木皆兵之勢。闔邑人士。不遑寧處。相將奔避。如鳥獸散。零亂之極。至於十室九空。迨夫軍閥授首。戢事敉平。僑外邑人。相率還鄉。而乃憐秋之父。遠客異方。羈病旅邸。資斧盡罄。餬口誰依。窮獨無歸。老病堪憐。不得已暫淪為倪家之僕。憐秋念父心殷。尋親志切。一肩行李。竟直追華寶之蹤。兩足風塵。疑若學文宣之轍。走遍天涯海角。可憐落魄異鄉。轉逢日暮途窮。幾至葬身溝壑。尚幸絕處。巧遇故人。正際危時。偏來同學。慷慨麥舟之助。義協范公。唏噓螢席之貧。金分鮑叔。從此川資有着。居然蜀道可通。輾轉訪尋。忽至妙秋之故里。徘徊躑躅。逕登寄父之深堂。正欣舊雨重逢。琴心幸慰。豈知門庭雖是。面目已非。變換故巢。別居新主矣。於是逡巡却步。惆悵出門。遠立遙望。是耶非耶。陡逢何叔。藉詢顛末。始悉妙秋之不別而行。當頭霹靂。幾致風狂。轉念尋親事大。此時未許犧牲。又探知何父之落髮普陀。何母之棲身佛院。乃分詣兩處。訪謁二老。重託僧尼善為伺候。代妙秋以盡晨昏之禮。焉僕僕風塵。干卿底事。言念及此。能不憮然。嗟夫。披星戴月飲露，餐霜，勞頓舟車。已非朝夕。然而父蹤未得，子心愈切，耿耿之間。夢寐若存。一日。長途無聊，憑窗眺望。見月臺上有一老人，而貌酷肖其父。到站下車，則杳無影跡。物色久之。毫無消息。悲哉，人地生疏。錢囊罄竭。幸逢漂母哀憫王孫。偏遇梁鴻，不因人熱。遂假途相術，以博蠅頭。聊償媼酬，兼偵父跡。三朝設硯。果來願裏老人。一旦登門，竟會意中佳耦。

蓋當軍閥盛時，公子伯檀恃勢凌人。憐秋貼居比鄰，固亦受侮之一也。既而惡貫滿盈。黄父授首。伯檀亡命山寨，與匪爲伍，招集舊部，意圖再起。奈天心厭禍，人情思治。亂之時代已過，軍閥之手段無用。樹倒猴散，食盡鳥飛。陰謀既破，險遭羅網。冒認義父。聊托身軀。義父非他，即倪家之僕，憐秋之父也。何女妙秋既僑倪宅。幽居無聊，輒以月夜琴聲一曲，自破孤寂。伯檀稔聆此音，始悉可人在是。忽觸前情，惆悵久之。心旌震撼。不能自己。第倪氏宅規甚嚴，非得允許，未易闖入。惟柳父年高忠誠，可恃。幸得主人之信任，特許出入闈內。於是伯檀待柳父，恭勤有加，常代服勞，以博其歡心。樂認父子而不疑。會柳父多病，未堪服役。伯檀乃喬裝柳父，始得出入闈內。渴思何女，難逢機會，耿耿此心。因有稽疑之卜。憐秋設硯三朝，所見願裏老人，即伯檀之喬裝也。詎知憐秋之相士，亦屬喬裝乎。伯檀不知相士之僞，憐秋已識老人之贋矣。

月夜擊犀本事

六

因以甘言餂其隱情，黃固無心。柳則有意也。伯檀用盡心計。始偵悉何宅之住所。而一旦吐其實以告自己之情敵，不亦傎乎。憐秋無從深悉何女之居處，亦萬無闖進倪宅之機會。而伯檀喬裝老僕，乘人不備。帶進憐秋隱藏閫內。其意固欲利用憐秋使為己之內應耳。而孰知憐秋非他，卽妙秋心中惟一無二之有情人也。詎居情敵，倘何互助之有。

憐女時惜春者，妙秋之閨友。特志澹恬，宅心慈仁。每睹倪女之情輕，輒歎妙秋之命苦。頻來煦嫗，聊慰愁衷。是日也，繡佛暇餘，飛仙忽降。坐方定，一老僕持柬入內，柬上書妙秋乳名。正相與疑慮間，老僕忽揭去其鬚，卸其外褐，暴露衷甲，持鎗前迫，則赫然一軍閥餘孽黃伯檀也。二人駭極，股戰欲墮。正在危迫之際，一西裝少年自內躍出，持鎗直指伯檀。此何人歟，非卽妙秋心中鐫影夢裏訴衷之柳憐秋其人歟。伯檀至此，始恍然受人之愚，反為憐秋所利用禍。快哉此日，正所謂久旱逢甘雨，他鄉遇故知者非耶。柳何二人，心中之情感何樂如之。不才辭拙，有非禿筆所能形容者矣。伯檀故解人，睹此情景，翻然悔悟，願受懲創，以湔昔日之罪惡。而憐秋仁愛存心，不為已甚。宥其既往之辜，開其自新之路，且俾其母子團聚焉。蓋黃母既為夫逐，依倪家為傭婦，愧憤交集，病貧彙至，幾於瞽其雙目。至是忽感伯檀之聲容，驚喜之餘，目覺復明。

憐秋之來此地．其念本在尋親。而孰知其父卽在倪家暫充廝役之職乎。南山有橋．北山有梓父子相見．其樂可勝言哉。然則因月夜琴聲之一闋．而使柳見其父．黃見其母．乃至有情人竟成眷屬。人間快事．羨煞天上多多矣。懷鉛提槧．述勝紀盛．佳話流傳．美談點綴。編成戲劇．留影兩儀．因顏其名曰月夜琴聲云。

己巳雙十節楊踐形自識於漪蘭軒

月夜琴聲本事

七

月夜琴聲劇情

月夜琴聲本事

八

本劇主角，是一個寄人籬下之弱女子何妙秋。其舅表妹倪妙倩正在臥讀遊記，聞妙秋房中琴歌聲發，心頗厭煩，起向窗前玩月。傭婦黃媽踏琴和歌而進，相撞互仆。混亂之際，竄入一西裝少年，頗注意琴聲，乘機藏身隱處。倪責傭婦。答曰，吾兒常歌此曲，故能憶之。鄰女時惜春者，妙秋之閨友也。常來作伴，以慰愁衷。未幾時。至甫坐定。一老僕持柬入，柬上書妙秋乳名。時疑問，何告時以現在化名，欲避軍閥之耳目。正相愕間，老僕忽去喬裝，持鎗戟指，則赫然軍閥之子黃伯檀也。正危迫間，西裝少年自內躍出，亦持鎗轉指黃胸。出人意料，驚駭莫名。初，黃軍閥恨何之不從已願，圍封其宅。何父避赴普陀學禪，何母隱身尼庵，何暫依叔居。奈春色難關，入思染指，其叔又最愛金錢。欲潔己身，竟不辭而行。因此寄居倪宅。幼時，與鄰家子柳憐秋同遊同學，兩小無猜，深鐘情愛。逮畢業分袂，適戰事方殷，魚雁不通。每值弧燈午夜，情難自堪。因以月夜琴聲一曲，聊慰傷心。

月夜琴聲本事

柳家經戰亂。父子離散。柳父漂流至倪家。暫充廝役。憐秋尋父。落魄異鄉。幾至葬身溝壑。幸遇同學。助以川資。途經何家。始知此變。乃分訪二老。重託兩處。善爲伺候焉。一日。於車中見站上一老人類其父。下車尋。久不獲。囊又罄。禍。幸遇白髮媪憐而食之。實卽黃伯檀之母也。黃父寵妾棄妻。流爲倪家傭婦。憐秋寄宿。卽依於是。不欲擾人。因假相術以餬口。兼偵老人。不三日而老人果至。

黃伯檀自幼驕縱。不治生產。其父貫盈自斃。自恃化裝術巧。乃竄爲盜匪生涯。復招舊部。揚竿起事。謀洩幾逮。乃冒認倪僕來富爲義父。來富實卽柳父之化名。某夜。忽聞琴歌。頓觸舊情。會柳父多病。乃喬裝代其服役。急欲乘機。乃至問卜。卽柳所見之老人也。以重酬求相士爲其內應。此卽西裝少年得竄入閫之因也。至是各人始恍然偶湊之巧矣。黃亦痛自悔艾。柳竟不咎既往。許其自新。從此柳見其父。黃見其母。何見其意中愛哥而有情人竟成眷屬矣。

月夜琴聲本事

一〇

月夜琴聲（獨幕劇）

時期　某年有月之夜

地方　某富室之別墅

人物　何妙秋（一個寄人籬下的弱女子）

倪妙倩（妙秋的舅表妹）

時惜春（妙秋的鄰居閨友）

柳憐佽（妙秋的寄哥）

黃伯檀（黃軍閥的養子）

老太婆（倪家的傭婦卽伯檀的母親）

佈景　舞台左邊有門通外面中央稍偏右方有房門垂着簾右邊置一長沙發左方有几椅數

月夜琴聲

二

點

啓幕　倪妙倩是一個裝束很時髦的女孩子側轉着身體斜躺在沙發上手裏握着一本小說書正在靜默地看得出神隱約地聽得幕後的琴聲悠揚從空中傳播過來打破了一種寂靜的環境

倪　（似乎很不耐煩地翻轉身來隨把手裏書本向着沙發的角裏抛去很沒有精彩地立起身來伸了伸腰把右手用勁地指着門簾）咳！眞討厭啊！你這個討厭的東西，又在那裏發出討厭的聲音來了！（把指頭點兩點）我恨不得……（點着頭忽見西窗幕地裏迸發亮光映射進來照耀得滿室明朗如晝急旋身對着西窗玩望）咦！今夜的月色，何等的光明皎潔啊！（出神地遠望窗外似乎要玩賞月光的）（幕內犬吠聲吆狗聲）

（一個白髮老太婆額上的羅頭布進着兩眼手裏提着一把銅壺嘴裏唱着一闋歌曲和着琴聲一步一蹺地登場）

B調 月 夜 （第三轉）
西窗待月 明 呀 深夜琴弦 靜 霓裳 一 曲 天上步虛
聲 呀 碧波粲 蕩 里 抛金 餅 呀 未央殿 訂 三生
憔悴 祇爲 卿 （過門）

婆（走近倪身旁仍舊傴僂着身體衝向前跑兩人都沒用心跌倒了）阿呀！

倪（跌倒）你這個瞎眼老太婆！也不會抬起頭來看一看。

婆（且爬且說還不知摜倒了人）小姐！我甯在看不見，那裏闖進來一隻狗，站在當路？（撫屁股）阿呀！摜得好痛咧！（勉強爬起來拍着腰）阿呀！閃了氣哩！

三

月夜琴聲　　四

倪　（喊痛）喔唷唷！（怒聲）怎麽說？你把我撞跌了！快來攙我！

婆　（忍了痛在地下亂摸着）小姐！在那里呀？

倪　（怒叱）瞎眼睛！……在這里！

（婆一路摸到倪身旁俯身伸手去攙她可是龍鍾不堪自己反拉倒了）

倪　（嘲笑）老得這般沒用，還想學着小孩兒唱歌咧！（自己立起來）

婆　不錯！這支歌曲，我的小孩兒，慣在月夜和着琴聲踏唱的。（一面說一面爬可是終立不起來）

倪　（看婆的一爬一跌以爲取樂後來似乎究竟看不過去隨俯身伸手作攙扶狀）還是我來攙你吧！

婆　（伸出手來倪忽縮住了手）摸不着小姐的手呀！

（倪方纔正式去攙她）

（在這個當兒門外闖進了一個西裝的少年來好像很注意幕內的琴聲似的趁她們都在用着全副精神正進行那攙扶和起立的工作他已經躲藏到看不見的隱身地方）

（倪攙起了婆仍舊躺到沙發裏去看書）

婆 （忙把銅壺提起湊近兩眼細看再用手亂摸四面似乎覺得並沒跌損現出很放心的自慰態度來）小姐！開水泡在這里要冲茶呢？還是要洗脚？

倪 你把這開水放好在盆裏吧！上面遮一塊大毛巾，我就來呀！

婆 呋！曉得！（提着壺轉身就走到左邊門口似乎聽到脚步聲音）喂！那一個有眼睛的，走路別要撞到我瞎眼老太婆身上來呢！咳！眼睛有了瘊病，眞吃虧，白日裏還看不清，這夜裏摸黑眞要命。我的小姐！眞做人家，不過省點了幾盞燈。（退場）

倪 （笑着）老話多，眞討厭！新來的，這般沒規矩！

月夜琴聲　　六

（時惜春是一個很澹靜而且很警機的女子立在左邊門口對倪微露笑容地看隨輕步走進來）

倪　（俯首起立走到几前放下書本正要轉身開步恰巧時已走到她的背後擡一個滿懷）阿呀！誰呀！（拍着胸）嚇得我！……（抬頭見時就笑）哦！我道是誰？原來時家姊姊在這里！（忙去搬椅）請坐呀！

時　（搖手阻止）小妹妹！不要客氣！（向倪笑看）你今天沒有出去？

倪　（點頭）是的。

時　（兩眼骨碌碌地向上下四周巡看一回）一個人在這里做些什麼？

倪　沒有什麼做。（說時回顧幕內）

時　（看見几上書本指着）妹妹用功得很！在這里看書呀！（取書要看）

倪　（漲紅了臉奪去書）不呀！一個人覺得厭悶啊！（把書拋向沙發裏）

時　（對倪笑了一回忽正色地訊問）妹妹！你那個表姊呢？

倪　（露出很不願回答的神氣側首旁眺）她嗎？……（懶惰地）她……在……（用手指門簾把嘴一撅）這里哪！（很不高興地回過頭去）

時　（拉了倪的手）我們去看她！

倪　（掙脫了手退走）你去看吧！（退場）

（何妙秋是一個很美麗很漂亮的妙齡女郎現在雖然長久地拘禁在這悲苦的愁城之中弄得精神萎頓形容憔悴但是她的天香國色和一種嫵媚娉婷的本來態度還沒有十分改變得前後不像祇覺得她的影象接近在身旁的時候另有一副天眞自然的神韻從幽閑貞靜中流露出來會漸漸地沁透入人們的心靈使得人們好像受了什麼磁氣和電流似的永遠地沈醉着這是何等的穠豔何等的甜蜜啊啊聽得外面有講話聲音就掀門簾透出頭來一望）

時　（恰巧抬頭看見隨迎前去）唉！大妹妹！你在這里呀！

何　（走出來與時握手）姊姊！姊姊你那里順風吹來的？

時（攜何的手走着）我特地來看你啦！

何（感謝色）多謝你！

時（細看何面色）怎麽幾日不見，你臉上又瘦得多了？

何 不覺得吧？（陪笑中帶着悽慘之色）我的面龐，天生成沒有福澤的！

時（矜憐狀）妹妹！你怎麽說這樣話？總怪做姊姊的沒得多空，少來看你的不是！

何（攜時的手走向沙發並肩坐下）哎！我最親愛的姊姊呀！請你以後千萬別要再把我的影像，放在你的心窩裏！

（這時躲藏的西裝少年趁沒人注意的機會隱閃入門簾內）

時（不忍狀）好妹妹呀！你怎麽說這樣的傷心話，對着你最知己的姊姊？（扭轉頭環視四面似乎不見了倪女再對着何細看）妹妹！你患着赤眼痛嗎？你的眼珠，怎麽這般紅呢？

何 （喑嗚地）不呀！

時 你的眼臉，怎麽這般腫呢？（用手撫她）可憐呀！蔫得紛碎了！縻爛了！

何 （推開時的手用巾拭眼）姊姊！你當眞替我相面嗎？怎麽只管看着我的眼睛來嚕嗦呀？

時 相面呀？不錯！我相你，幾時該遇着你爸爸的乾兒子，來救你出去了？也免得寄人籬下受人家的奚落！

阿 阿呀！姊姊！（淚珠子奪眶而出）請你千萬別要提起這個！

時 咦！又爲什麽？你怕他？

何 不是！

時 怨恨他？

月夜琴聲　一〇

何　（搖頭）更不是！提起了，格外使得我傷心！（拭淚）他家自從遭了兵亂，逃的人影兒都沒有一個！他自己還沒消息，那里再會救我呢？

（一個龍鍾老僕白髮駝背，手裏拿着兩封信蹣跚登場）

（何歪抬頭看見立即俯首旋身過去）

僕　小姐在裏面嗎？（見時即欲退出）

時　你是誰？有什麽事？

僕　我是老僕來富！有信在這里。

時　把信放在几上就是！

僕　喏！（放好兩封信退去）

（時隨去取一信遞給何看）

何　（略看一看仍去放几上調換另一封信拿在手背人看）唉！……唉！……

（時湊上頭去要看何忙把信塞入袋中）

時　（拉了何的手仍去並坐沙發上）人家給你的信嗎！怎麽不見你的名字？

何　（取出信指看）這纔是我的眞姓名！不知那一個竟會知道我在這里？

時　妹妹！妹妹現在的名字呢？

何　是我的化名。

時　這是什麽用意？

何　要避人耳目！

時　妹妹一向沒有和我講過，究竟避着誰呢？

何　（拭眼發顫）是……是……是避着……（淌淚不說）

時　誰呀？（十分要聽狀）

何　避着那……那個……

時　（催迫狀）那個什麼？

何　那個……那個……

時　（不耐煩狀）那個什麼呀？快說！（提起耳朵儘湊上去）

（老僕在門外隱閃地偷聽光燦燦地突出兩隻眼睛）

何　那個萬惡不赦的軍閥那個萬能的金錢勢力！

時　咦！那要避做什麼？

何　姊姊！你那裏曉得？（顫聲）可恨這種獸心衝動的人們，把異性看做自已掌中的玩具一般。慣用着壓迫手段做他們哄騙工夫的後盾，來欺侮這樣毫沒抵抗的弱女子。假使遇着意志薄弱一些呢！總難免不上他們的金鈎魚釣。就是碰着了不怕火的眞金，也還要打發手下的蝦篩蟹爪，上門來千萬般的騷擾，至少做一次最後的示威行動，把良好的人家貼上一張封條，

阿呀！可恨哪！傷心哪！（淚湧如雨）

時　不錯！最痛恨的，就是萬惡的軍閥，把人家的幸福奪掉！最堪痛恨的，還在萬能的金錢勢力，把他們自己的人格也完全棄掉！這種遍普的罪惡也，不值得妹妹個人這樣的毒恨。

何　（慘痛的顫聲）想起我的爸爸，我的媽媽來，永遠消不了我心頭的毒恨！（放聲着）爸爸呀！媽媽呀！你知道你的女兒還在嗎？恨我不孝的女兒，帶害了你們兩個老人家！

時　（慰勸狀）惹動你的悲傷，都是我不是！（用手撫他的額）額上又熱起來了！保重身體要緊！

何　爸爸媽媽的下落，還沒知道，這個身體要保重做什麼？

時　留得身體，還可報仇呢！

何　聽得他們已經惡貫滿盈了！這也是軍閥應該有的末路，還向那里去報仇呢？

時　既經這樣，還避怎麼？

何　不過他的油瓶兒還在呢！（現出很恐怖的神情）

時　那油瓶兒是誰？

何　（起立向四面回顧一周纔戰兢兢地慢說）就是那個……（恐怖的顫聲）那個……黃伯檀！

（老僕驀地闖上從衣袋中摸出手鎗用勁地指着她們這種突如其來之勢格外莫明其妙的驚駭時何二人幾乎心都震碎身輭欲倒）

時　（恐怖中帶着義憤的俠情）你你你……你做……做做……做什……什麼？

（何用手遮了面只管發抖）

僕　（把鎗更指近隨卽拍着何的肩膊）你知道我是誰？

何　你你……你是……是……

僕　哈哈！我是誰？

時　你……你是……是來富！

僕　（暴聲對時）呸！那個來富？

時　（幾乎嚇倒勉强鎭定）你……你究竟……是誰？

僕　（很驕傲地放了手像嫌着女人們太沒抵抗能力似的隨把化裝的假白髮拉下幷卸脫了外面披的舊衣顯出內面的軍裝來）哼！我就是那個（隨舉手鎗對何）黃伯檀！

何　（陡然嚇倒）阿呀！（時扶着她）

（門簾內跳出一個少年來在黃的背後左手猛力地拍他的肩上右手忙在袖中抽出手鎗來用勁地對着他）

（黃正擬上前逞兇之勢陡覺肩上一重出其不意急回顧心裏一慌手鎗落地）

少　（怒目對黃）叱！你道我是誰？（黃嚇得狠狽不堪兩眼閃爍地儘相着少年）把兩手舉起！（黃勉強照做）站着（黃正面對立）不許動一動！

（時現出驚喜交集的很詫異的欽佩）

（何心裏覺着說不出的出人意料的奇異感激但是垂着頭不敢正視）

少　（對黃）你來找誰？

黃　那位年輕的姑娘！

少　你認識他嗎？

黃　怎麼不認識！

少　你知道她是誰？

黃　就是我父親的祕書何老伯的女兒妙秋呀！

（何幾乎跌倒勉強鎮定）

少　你知道我是誰？

黃　你不是那天在城隍廟裏，替我相面，還騙掉我一隻鑽戒的那個術士嗎？

少　哈哈！你枉有了兩隻眼睛，竟會自己投進我的網裏來！這也是你們慣用着金鈎魚釣的手段，應得的結果了，你看我究竟是誰？

黃　我的眼睛早已被那愛玩的寶貝，和金銀的威光射瞎，那裏還看得出什麼？

（時何二八至此方始活動起來我拉你你碰我指點那個指點這個把嘴湊着耳朵做手勢表示着心意似乎很願少年趕快說出他的來歷）

少　（很勇敢很尊嚴地帶笑着）哼！……我就是（指着何）這位姑娘的爸爸的乾兒子，從小就和他在一起讀書的隔壁鄰鄰，有一天，走過你的門口，還被你叫了一隻大黃狗來咬了我一口的那個柳憐秋啊！

黃（聽到這里嚇得渾身發抖手軟下來體矮下來再不能勉强支持面色從慚愧的紅裏轉到青白）阿呀！你就是柳……柳……柳……（腦筋受着極大刺激和震動神識昏迷過去巍顫顫地栽倒了）

（幸虧時小姐見心快胆量大忙拖一張椅子襯在他的背後柳也連忙上前扶住叫他自由地坐好逐漸地醒過來）

何（心裏要說嘴裏不說地忍耐了一回很自慰地沈思着忽像想到什麽似的）唉！哥哥！……

（又沈思着）你怎麽會到這里來呀？

柳　我特地爲救護妹妹來的！

（何感激得眼淚幾乎淌出來話都接不下）

時·（雀躍地）妹妹忘了嗎？我的相面靈不靈？（忽抬頭望柳思索着）不錯！柳先生的

相術，一定高妙。

柳　我並不會相面的。不過那一班帝國主義的人們，他的流毒格外盛，他的迷信也格外深，恰成一個正比例。不得不借着這相面的法術，來偵探他們的不道德行爲。

何　但是，我要問你！（對着柳）一向在那里？我的爸爸怎樣呢？

柳　（悲痛狀）我一直落魄異鄉到現在，走遍天涯，尋不得我的爸爸。日暮途窮，幾乎葬身溝壑。還虧着一個舊同學，救濟我的盤費，纔能尋到你的府上。

何　（急迫地問）我家裏還有人嗎？

柳　咳！已經換了宅主！在路上撞見你的叔父，他把你家裏不幸的事，詳細地告訴了我。我方曉得乾爺已經到普陀落迦山修行去了！

何　（心裏很難過）還有我的媽媽呢？

柳　乾娘嗎？住在一所觀音庵裏！

何　（眼淚奪眶而出）想起爸爸媽媽，我的心都碎了！（把手撫摸時手）

時　（安慰狀）你的身體不健旺，勿再過分悲傷！

柳　妹妹勿必傷心！乾爺乾娘那邊，我都尋到過，覺得精神反比從前好。我已經重託兩處的當家和使喚的。叫他們好好地服侍着，請妹妹放心吧！

何　（十分感激兼自慰狀）哥哥這樣高義，心裏十分的感謝！（忽又想起自己）咳！這都是我做女兒的沒用！

時　現在是男女平權時代了！怎麽看輕了自己，還說女人沒用？

何　（慌疑地）哼！那里會呀？一般的做着玩具就是，至少也看做一禁臠。

時　請你不要再提起這樣傷心話吧！

柳　但是，妹妹！我也要問你！爲什麽對你的叔父，不告而別？

何　（很淒慘狀）哎！你那里知道？我那里好說？你想吧！我是一個毫沒抵抗能力的弱女子，難道世間祇許有一個姓黃的嗎？我那叔父又是個見錢眼開的人，假使單只虐待我一些，我還不見得耐苦不住呢！

時　妹妹！你的命這般苦呀！怎麼到東要欺侮，到西面要虐待？咳！

柳　怎麼說？難道這里待你也不見得嗎？

時　哼！東山老虎，西山老虎，都是同的；那一個靠得住呢？

何　哥哥！怎麼會從很遠的地方，到這里來？

時　他專爲尋你來的。

何　不過，他那能知道我在這里呢？

柳　我自從學校畢業，分袂以後，一直沒有機會看見你，連信都沒有通過一封。

時　這都是受着軍閥的賞賜！

柳　十天之前，我在火車裏望着月台上，有一個老人站着，他的面貌很像我的爸爸。我立刻跳下車來，他已經走了。我就在這里尋了幾天，可憐人地生疏，身邊一文莫名。幸虧住在一個瞎眼的白髮老婆的家，她供給了我一日三餐，並不開口要我的飯錢。但是我心裏非常的過意不去，就擺一個相面測字攤：一則騙幾個餬口錢，二則探聽些線索。不料事情很巧，剛到第三天，走來一個老人—正是我在車中看見的那個老人，—要我相面。……

（時何二人都欣慰地催促地仔細聽着）

柳　你道是誰？

時　不必疑的！

何　一定是！……

黃　（甦轉來動着、哈哈！那里是！……（六隻眼睛看着他）你們的話，我都聽得現在我的精神完全恢復了，該讓我來講吧！（兩眼閃爍地看着柳）柳先生許可我嗎？

柳　本當訊問到你了，你說吧！

黃　（振作精神很留神着自己的姿勢勉強奮興地）哼！那個老人就是我！

時何二人很奇異地注意着尤其是柳本人）

柳　我很佩服你的喬裝，究有什麼用意？

黃　你想我，從小就是吃慣用慣開心慣的，那能安分守己，過這避難的苦境。雖然無家可歸，但是還藏着些鎗支子彈，就約同兄弟們，做那種賺錢不用力的生意，湊得機會好，什麼先鋒隊哩，別働隊哩，四面出去託人運動到了一個名義，就借着題目，大吹法螺，號召起來果然很有些效驗。不料混亂的時代早已過去，軍閥手段再沒用處，不得不再理舊業。那知夥件裏又起了內訌，警局裏去走了風，弄得捉去的捉去，逃掉的逃掉。再想從整旗鼓，簡直不復成軍了。我一個人還穿着西貝式的軍裝，正在急得沒有躲藏地方的時候，對面偏巧撞來一個龍鐘老翁，他閃我，我閃他，糾纏了好多時候；急得我滿面通紅。後來我率性跟到他房子裏去，和他攀談起來。

柳　那個老人怎樣面貌？

黃　就是請你相面的那種面貌！（柳點着頭很注意地聽）正談的高興，忽聽得悠揚的琴聲，從空中傳播過來，好像我從前在那裏聽過的。不錯！就是何老伯編的什麼……什麼？……那支樂曲的曲名，我一時記憶不起了！

柳　哦！原來就是爲了這個琴曲。（對着何）我還記得他的曲名，是不是就叫做月夜？

何　（點頭）不錯！

黃　對了！這就是月夜琴聲！……（看着時何二人不說）

柳　（情急地催促）後來呢？……怎麼？

黃　（懶慵地振一振精神）後來，我知道他是這里的老僕，就央求他收留我，做他的乾兒子，他允許了。他有病，我就喬裝着他的面貌和態度，代替他工作，他狠喜歡我，而且很信託我，因此我就有了跨進上房的機會。

柳　你怎麼胆敢喬裝，不怕旁人看破嗎？

黃　（苦笑）哈哈！這化裝術，就是我生平的絕技！（露出狠驕矜的神氣）

柳　（嘲笑）你又怎麼會破在我的手裏呢？

黃　這就是能人背後有能人。

柳　你可知道，棋高一着，縛手縛脚。

時　（隨指着柳對着黃笑）你怎麼要請他相面呢？

黃　我很性急的工作，要速成這封假信的功效。

何　（驚異的覺悟着）哦！怪道會寫我的柳眞字名！

黃　柳知道他的相士原來也是化裝的。（自嘲的笑着）這就是亞森羅蘋，遇着了福爾謨斯啊！

柳　（得意地笑着）哈哈！很感謝你把何小姐的地址，和你的陰謀行動，都完全告訴了我！但是倪家的住宅這樣廣闊，房間又很多，不知道他日裏常在那幾間進出，夜裏臥在那一間。而且大戶人家，一定很不容易闖入內室，非得要有人引導我進去，那能成功？

黃　但是我也同你一樣的心思，偵探了三天，若非前夜聽到他的琴聲，那裏會知道就在這一間呢？不過，我是請你來幫我的忙，所以叫你先躲藏在裏面做個內應。

柳　你那裏知道，我並不做你的內應，却另外有人來做我的內應，而且我實在來破壞你的，我就是你的對敵，我專誠來救護我的妹妹呢？

何　（二十分的非常感激把從前各種煩惱都付流水心裏祇有一個柳郎的影像活潑着）我的哥哥！我非常的感謝你，這救命之恩，永遠不敢忘哩！

時　（欽仰狀）難得柳先生這樣高義，正好把社會上一般無情無義的人們，痛下一回針砭！

黃　（很誠懇地自悔恨）咳！我的罪惡，金錢的罪惡，這都是金錢的罪惡！假使我的爸爸，的確希望我做一個社會上的人，我也是一個社會上的人啊！但是他呀！止許承認我們背靠着推不坍的高山，面對着流不絕的大海，把他的行爲做我的榜樣，從小的時候，就一些兒一些兒學習起來，試驗起來，受着這種家庭教育的影響，一直保存到現在。造成功我個人的人格，今天我自己覺悟了！自已懺悔了！我的罪惡就是金錢萬能的罪惡！

柳　嗨！你若早一天覺悟，也就不會跟我到這里來演這齣劇！

黃　不演這齣劇，也永遠沒有覺悟的機會。我十分的感謝着柳先生！我的罪狀，都已親自畫了口供，請柳先生早給一個處分，洗滌了社會上的汚濁之點！

柳　你能夠自已悔悟，我也不必再治你的罪。但要知道！以前種種的破壞，譬如昨日死；以後種種的建設，譬如今日生，（神情激昂聲色嚴厲）

黃　（現出懺悔的誠意即起立向柳行禮）感謝柳先生賜給我的人格，一定永遠遵行着！（恭立不動）

（時何二人看得詫異的出神）

（柳很不驕矜地答禮）

黄 （忽沈思地欷歔着）我的人格，已經得救！我的媽媽呢！

柳 咳！可恨忍心的軍閥，有了新的，會棄掉舊的，逞了一時的獸性衝動，做這種非愛情的肉慾戀愛，也是人類遺留着的汚點啊！（忽如有所悟）你那伯母，保管着在我個人身上，替你尋到。使得你母子會面就是！

黄 （十分感激涕零地行禮）這樣天高地厚的大恩，我永遠銘心刻骨，底不會忘記！

（時何二人起立都向柳行禮）

（柳遂一答禮現出很謙和的態度）

（此時台上的空氣充滿了快樂的生意）

（倪妙倩很活潑很快樂地跳着登場）

柳 （向何指時）這位姊姊是誰？

何　（含笑着）是隔壁時家的惜春姊姊！多謝她時常來照顧我，安慰我，我的生命還保存到現在，也是幸虧着他！……（回頭看見倪跳進來就默然）

柳　（對時行禮表示感謝之意）多謝姊姊的高義照拂！

時　（答禮謙遜）說那里話！我們差不多是自家姊妹，有什麼客氣！

柳　（回頭見倪）這位妹妹是誰？

（倪向柳一笑隨俯首走到時的身旁）

時　這位就是宅主的小姐！

何　（對柳）是舅媽裏的三妹妹！（對倪指柳）這位是你姑爹的過房哥哥！

倪　（天真活潑地含笑向柳行禮）寄哥哥！哥哥從那里來？

柳　（很和靄的態度答禮）妹妹！我來看你表妹的！

倪　（忽變了面色隨又復轉來）哦！哥哥！請坐！（喊聲）黃媽！倒茶來！

婆（在內）呋！放好了脚盆，就來了！

倪（指着黃）這位是誰？

（時何二人笑着無言）

柳 這位是我的朋友，一同來的。

（黃很沒趣狀慚愧得無地自容）

倪（招呼）請坐！

黃（略謙遜作欲坐狀）坐的！

柳（白何）妹妹！你那一曲月夜琴聲很好聽，請你再彈一闋吧！

何 好！請哥哥也和一曲！

時（拍手笑着作側耳狀）贊成！……贊成！

（倪現出好奇心地要聽柳郎彈琴也拍着手）

月夜琴聲　　三二

（黄也不坐下去伸頸欲聽姿勢）

（此刻全台滿佈着溫暖相融的氣候回復了春天的景象）

（何先向門簾處走柳隨後跟着都走的非常慢台上寂靜無聲）

富　（在幕內）黄媽！你瞎了眼睛，多麽不便！

婆　（在內）來富哥呀！祇因黄將軍娶了八姨太，趕我出來受這種苦罪，氣恨到瞎眼的！快樂了，還會好呢！

富　（在內）你里會有快樂呢？

婆　（在內）我的兒子黄伯檀到這里來迎接我了！母子會面，何等的快樂啊！

富　（在內）誰說的？

婆　（在內）那個漂亮少年柳憐秋說的。

富　（在內）叫什麽名字？

婆（在內）叫柳憐秋！

富（在內）哎！不是柳憐秋嗎！

婆（在內）是柳憐秋！

富（在內）柳憐秋是我的兒子，狠孝順的，怎麼會尋到這里？……

婆（在內）那末，恭喜你！

富（在內）我也恭喜你！

婆（在內）大家都恭喜！

富（在內）喂！你到那里去？

婆（在內）我們一同去見我們的兒子吧！

富（在內）且慢！待我到外面去洗了一個澡囘來！

婆（在內）我要先去了！

月夜琴聲　　三四

（一個白髮的龍鍾老太婆提着一把銅壺一步一蹺地蹣跚登場引得滿堂的人都對着她笑）

（台上的幕慢慢地下了）

——幕——

籠鳥怨大意

「籠鳥怨詞」

籠中鳥．　悲命苦。

別鳥林間飛．　我獨籠中虜。

君不見甄家媳婦夏競新．　可憐受盡旁人侮。

洗衣炊飯忙無休。　一日三餐不下肚。

婆要打。公要罵．　小姑又在堂前呼。

萎頓憔悴不成人．　想來更比籠鳥苦。

此劇第一幕．虐媳甄百善懦弱懼內．賈氏潑辣撒野。放縱嬌女苛虐童媳．此亦大家庭恆有之事．本無足怪。然不揭家庭之黑幕．竟演家庭之慘劇．深堪痛耳。嗟夫．籠鳥哀鳴．感觸可憐人之心境．震動可憐人之心弦。雖然．籠中之鳥．飽食振羽．外無横逆。而媳婦之挨罵挨餓．受怨受氣。老堂肆虐於前．小姑增讒于後．

籠鳥怨大意

二

動輒有咎．勞而無功．瘁體傷心。可憐媳婦．且不如籠中鳥矣。

第二幕．招壻。賤人貴畜．薄俗之通病。虐媳看經．老嫗之常課。慈悲之念．常對卵生。殘賊之心．專施人類。求神拜佛．非學修行。有禱無靈．何妨打倒。若輩之存心．豈不然乎。劇中賈氏不過萬一之縮寫耳。百善重利輕命．笑凱之禍．咎由自取。地保方勘命案．媒婆又報喜信。一憂一喜．事偏巧合。痛子心傷．愛女情切．一生一死．實屬兩難。算命寫帖．擇日贅壻．究竟不重生男重生女矣。幕閉後．隱聞鼓樂．正結婚時也。幕啓．則愛女嬌壻．並坐洞房．賈氏之樂．無以復加。而掌珠嬌縱自恣．浪漫成性。華宗權雖百般依順．仍嫌未能浹意．潛出夜遊．已屬慣常之事。而新郎關切．竟在暗中實使其保護之職權矣。

第三幕．悔悟。掌珠本是歌舞明星．交際場中．慣顯身手。此來夜鬧．爲踐密約。豈知浪漫時髦．最易受惡濁社會之誘惑。意志薄弱如甄女．卒至誤用戀愛．受盡侮辱．以自喪其生。錢多才慣用欺騙手段．蠱惑婦女．既以甘言買其心．更以辣手攫其財．婦女之無顏忝生．含冤以死者．亦不爲彼稍盡發財之義務耳。警探當前．尚敢拒捕．飲彈而死．不足蔽其辜也。華宗權宅心仁厚．明知掌珠有外遇．然既贅此．卿可不愛我．我不可不愛卿。偵悉此變．還報二老。二老既至．憬然悔悟．始知愛女適以害女．虐媳何顏對媳．搥胸自責．憂憤竟死．逍命競新．宗權本互助之精神．組織愉快之新家庭。開放籠中之鳥．俾人禽各復其自由焉。

社會劇話 籠鳥怨 一名良心一瞥（三幕）

劇中人

甄百善（某鄉的團董）

賈　氏（其妻）

甄笑凱（其子）

甄掌珠（其女）

華宗權（其壻）

夏競新（其媳）

錢多才（匪徒）

春　蘭（使婢）

王　嫣（女傭）

龍鳥怨

福生（星士）

媒婆

喜娘

地保

警探甲乙

遊客數人

舞女數人

二

第一幕（虐媳）

時期　日在正午之時刻

地方　某鄉圖董之家庭

人物　百善　賈氏　笑凱　掌珠　競新　春蘭　王媽

佈景　臺右有門通外面中央略近壁處放着一張桌子桌前一杌左邊放着一几二椅椅旁靠左斜置一杌

啓幕　百善坐杌左賈氏坐几右笑凱坐椅旁掌珠坐桌前春蘭王媽侍立賈後

賈　（看百）現在，是什麼時候？

百　（看手錶）呀！現在已經十二點鐘了。

賈　（詫異狀）唉！已經十二點鐘到了！怎麼還不吃飯呢？（忽向黃媽）競新那里去了！

王　在廚房裏。

賈　去叫他出來！

王　吠！（下）

籠鳥怨　　四

（饒新上）

賈　（怒狀）你這個賤貨！躲在廚房裏做什麼？難道沒飯給你吃飽，在那里偷東西吃嗎？

（新垂頭喪氣拭眼淚）

（笑很沒趣狀）

（珠很得意狀）

賈　哎！趕快去拿飯來吃！站在這里做什麼？

（新下）

賈　（對百）你看這個賤貨！不駡他幾聲，還好嗎？

珠　（看賈）媽媽！俗語說的，不打不駡不成人。他的骨頭生得賤呀！

賈　這都是他在家裏時候，打得少，駡得少的緣故。

百 （不耐煩）唉！越打越罵，面皮越老，還是省些力氣好！

賈 （怒視百）哼！你倒愛憐他嗎？（欲立起狀）

笑 （立起） 都是競新不好！媽媽不要動氣！

珠 （嬌視百）爸爸！你也太糊塗！惹得媽媽……（正說得有勁的立起身來）

（新捧盌上）

（珠向後旋身不防新正走近珠撞在他盌上）

（新被撞盌碎在地）

（賈正欲坐下聞聲仍復起立）

蘭 太太！他又把盌打碎了！

賈 （跑出發怒）唉！你這個賤貨！叫你拿飯都沒用心，（指着）你的心到那裏去了？（用勁發威）哼！賤骨頭！眞的三日不打，又要發賤了。

鸚鵡怨　六

珠　（回頭假怒）總是他生的骨頭賤啦！（回轉看笑）

百　（起視惋惜對新）咳！你拿了許多盤盞，也該用心一些，怎麽把吃飯盤都打掉了？（拾起一片細看）

（賈還坐）

（春蘭袖手不管）

（新戰兢地拾盤片下）

賈　（對百）你看吧！他該罵不該罵？

衆　（同聲）該罵的！

（王媽把菜盤上）（衆起立）

（夏蘭幫搬桌椅等）（飯器羹匙上）

（新捧盤上）

（王媽盛飯畢下）

（衆圍坐扶桌吃飯）

新才坐下捧盌在手）

（新起立添飯畢欲坐）

百　添飯！

（新又如前）

賈　添飯！

（笑吃畢舉盌向新一看欲自起添飯）

（賈怒目阻止之）

（新忙向笑手中接去盌正欲添飯）

珠　（高舉飯盌）我還沒添！

龍　鳥　怨

七

籠鳥怨　八

（新來添飯稍遲）

珠　（撒嬌）我不要吃了！（把盌內飯潑地上）

（新拾地上飯吃畢還坐吃飯）

（百吃畢起立衆相繼起立）

賈　（對新）他們兩盌飯都吃好了！你吃得這樣慢，一盌還沒好！（厲聲）不許吃了！（對蘭）春蘭快把盌盞收去吧！

（新放盌起與婢僕等撤櫈楷桌收盌盤下）

百　（看手錶）唉！時候不早了！

賈　早些回來啊！（欲走狀）

（百點頭下）

（衆皆下）

（新捧盆上置盆庭中即據畫前廊張櫈坐洗）

（籠中鳥鳴）

新　（新抬頭見鳥）你看這隻鳥！活潑美麗，多麼可愛！關在籠中，又何等的可憐阿！

（鳥對新叫）

新　（不忍狀）我來放了你吧！（忽轉色）不……不敢……（停手凝神若有所思）咳！我自己也和你一樣！（洗衣）我替別人家做工，一個月也有幾塊錢。現在我呢！……（拭眼幷窺門外）終日要打要罵，還不及他們用的傭人好！（泣聲）我那狠心的爸爸阿！你怎麼把我嫁給這家，做一個奴才還不如呢？（哀聲微哭）

珠　（嬌態上）喂！你這樣洗衣服，不要洗了！你今天不吃飯嗎？肥皂用了好許多，還是一些都不潔淨！唉（怒狀）

籠鳥怨　一〇

笑　暗上）咦！你也嫌他洗不潔淨！你自己的手呢？別人替你洗，還要嫌着不好。哼！（冷笑）

珠　（發怒）唉？你竟幫着他嗎！好！好我去告訴媽媽！

笑　（也怒）好！你告訴去！（用力推盆水濺掌珠身上）

珠　（指新）你有了他了！你敢兩人欺我一人嗎！（大哭）

賈　（趕快上）你們鬧什麼？

珠　（哭訴）你看！媽媽！他把肥皂水潑在我身上呀！

賈　（怒聲）好了！益發好了！你這賤骨頭！不願洗衣服，爲怎麼要把水潑在他身上呢？

（新以手巾替珠揩拭）

笑　（義憤狀）是我潑的！怎麼怪他？

珠 （哭且跳）媽媽！你聽哪！哥哥幫着他！（放聲大哭不休）

賈 （大怒指笑）你敢幫他！我偏要打他！（打新）

（笑攔賈）（賈轉打笑）（打成一團）

——幕下——

第二幕（贅婿）

時期 當日之下半天和新婚之後

地方 圖董宅之客堂

人物 百善 賈氏 掌珠 宗權 競新 地保 媒婆 福生 喜娘

布景 中央靠壁一長桌上供佛像左右几椅數具杌兩張左門通外右門通內

啓幕 百賈左右坐婢侍立

龍鳥怨 二

籠鳥怨

二

賈　（愁狀）阿凱幾天沒回來，我夜裏的夢做得好怕阿！

百　日思夜夢，慣常的事。帶了許多銀錢回，來你又樂得嘴吧都合不攏了！

（地保上）

保　（匆迫狀）阿呀！不好了！本圖裏又出了一樁命案，發見一個無名屍首，老爺快去看看！

百　（慌着）命案呀！我去一看就明白的。

（二人急下）

賈　（起立合掌俯身祈禱）阿彌陀佛！南無阿彌陀佛！保佑阿凱一路順風平安，把幾百塊利錢，一起收了回來！南無阿彌陀佛！我的心念最好，一個跳虱也要放生的。南無阿彌陀佛！……

媒　（急上）太太！太太恭喜你！

賈　（强笑）喜在那裏？請坐！

（二人坐下）

媒　華家的親事已經成功了！

賈　（面現喜容注意聽着）嚄！

媒　這位姑爺，又是聰明，又是漂亮，配我們小姐，眞是男才女貌，一對璧人！

賈　（大樂不支）嚄！……嚄！

媒　還有一件最難覓到的，就是性情溫和，不管待他怎樣，從沒發過脾氣。因爲我家小姐……

賈　（儘管把耳朵湊上）唉！

媒　（只是做手勢）是要……（把嘴湊上賈的耳邊去）（二人顚簸着頭做了許多鬼臉）

福　（彈三弦上）太太！小姐的八字寫好了！桃花運也改掉了！（把紅帖遞上）

賈　（接紅帖在手）哦？福生官坐呀！

媒　巧極！正要來看你！

福　（坐下）一定又有好主顧。

賈　小姐要贅姑爺了！請你選一個日子，要在這十天之內的！過了十天，他家全要搬回去了。

王　（急上）小姐又不見了！

賈　（對王使個眼色）古人說的：男大須婚，女大須嫁。

蘭　小姐的年紀還算小嗎？這幾天那里辦得到呢！

賈　（向蘆繞一白眼旋首對媒）姑爺這般要緊！

蘭　太太！小姐還比姑爺要緊呢！免得東奔西跑，省了精神省了錢。

福　（點頭掐指）十天之內，那里選得到日子呢！（忽然如有所悟）好！好就用十月十日吧一定十全十美的！

（百急上）

（新暗上）

百　（悲傷地氣喘着說）阿呀！不……不……不好了！……那個屍首，正……正……正是阿凱！

賈　（哭聲）阿呀！我的阿凱呀！

（新看着紅帖再看自已掩面飲泣似乎很悲傷地而又不敢出聲的情狀）

福　（對媒做鬼臉手勢）我們同去吧！

（福媒二人同下）

賈　（哭聲）我的心肝哪！（發癡狀跑到佛像前）我天天拜佛念佛，你怎麼毫無靈感呢？（取佛像擲地）我從今以後，永遠不再迷信了！（新看着他只管發怔）

（珠上）

賈（轉向百善扭住胸口）這都是你的黑良心，要放重利錢，叫他出去收賬，把命送掉了！唉你看怎樣！

百（頓足發急）唉！都是你的花頭，你還怪着我？

賈（把頭撞百）我與你拚一個死活！（彼此扭成一團）

（珠新上前勸攔）

百　我去死吧！

賈（推新跌地上）我也要去死了！

珠　媽媽！你說這話，竟忍丟掉你女兒掌珠嗎？

賈（轉身看珠）我不死了！我丟不掉我的親愛的女兒掌珠！（指新）還是讓他去死吧！

珠　他肯死嗎？罰誓不肯死的哼！哥哥死了，他嗎！倒可以去……自由了！

——幕下……——

（少停隱隱聽得幕內鼓樂喧譁人聲鼎沸）

啓幕　掌珠宗權二新人對面坐喜娘旁立賈氏立在門口

賈　（笑看二人對喜娘）時候不早了！（作手勢下）

喜　姑爺！小姐！請進房安歇吧！

珠　（卸外衣給喜娘）你把這些衣服先拿進去，藏好了！

喜　（接衣在手）吠！（進左門內下）（權對珠一看）

珠　你看什末？

權　（嘻皮哄臉）我看你換了這套衣服，益發美麗了！

珠　（含嗔睨權四目相對）呸！

權　（向他做手勢）小姐！我們進房吧！時候不早了！

珠　（冷笑）哼！你倒這樣性急，我遍不……（看手錶）阿呀！……阿呀！（露驚慌狀）

（權伸頭湊上去看）

珠　（趁勢揮手打權面頰）你做什麽？

權　（陪笑臉）我道你隻錶碰壞了。

珠　（換了一雙舞鞋把脱下的鞋子遞給權）你把這雙鞋子拿進去，放在鞋桶哩！

權　（鄭重的樣子託在手裏細看）是！……是！（向左門走）

珠　（招手）喂！我還要到同學姊那里去一蹓呢！你先睡吧，

權　（止步點頭）你就早些囘來！（珠急下）

權　（把鞋子放櫈上搔頭摸耳）哦！……（顛蔪着頭）待我暗中跟去，偵察他的舉動！

（作啓步狀）

——……幕下……——

第三幕（悔悟）

時期　結婚之當夜

地方　夜園內之露天跳舞場

人物　掌珠　多才　宗權　競新　百善　賈氏　警探甲乙

遊客數人　舞女數人

布景　公園夜景近幕兩旁樹脚下放着沙發靠樹向外正中曠地是一片露天舞場

啓幕　場中男女舞星正在跳舞畢時左邊沙發上坐着一對遊客右邊沙發上坐的是掌珠和他的男友錢多才

龍　鳥　怨

一九

籠鳥怨　　二〇

才　（唉對掌珠）你的動作姿勢，非常之好！眞叫我越看越心愛！

珠　（謙態）你不要見唉！

才　（誠懇）你我是什末？還說這樣話！

珠　（唉對多才）你對我說的話，都是眞心不？

才　（嘻皮唉臉）你還疑心我嗎？我恨不得把我的一顆心挖出來，送給你啦！

遊客舞女背下）

（檯暗上立在她的沙發背後伸頸側耳地仔細聽着）

珠　（唉看才）嘴裏盆發說得甜，心裏盆發來得辣。

（檯一手指珠一手羞着自己臉面）

才　（鎭靜地）你看我，也是這樣人嗎？

珠　（羞看）不！……你不……（轉臉）但是……

才　（權做手勢）（還追着）但是怎麼？

珠　但是河底量得到，人心是量不到的！

（權點頭做手勢）

才　我發一個誓給我聽好嗎！（湊上去）

珠　（笑着手推）誰要你發什麼誓！我們去吧！（正要起立）

（權俯身體要躲避狀）

才　（阻攔掌珠）且慢！我還有要緊話！

珠　（挽着他手）到房間裏去細講吧！

才　（另換一副面孔立足）不！……你應許我那筆款子，人家逼得太緊了，你把身邊的那張支票借給我，暫墊急用吧！

珠　（發急）那……那個怎麼可以？我……我……我帶來的一包金銀軟細，

籠鳥怨　　二一

都被你拿去用掉了！這一點兒我們將來也要過活日子呢！

才　（拍胸膛）哼！明天我還有三萬六千塊錢的進款咧！要是你不肯拿出來，這種天賜的大財，就要當面錯過了！（權驚異作鬼臉）

珠　（疑慮不決地把支票從懷裏拿出細看搖着頭）不！……我不！……（很嬌慵聲）

才　（發怒跳起搶在手中）唉！你知道我是什麽人？（要走）

（珠很詫異地注視他上前去搶他手中的支票被多才一推跌倒地上）

（權隱身至樹後）

（多才拔脚就跑）

（珠爬起欲追）

才　（懷中抽出手槍對準掌珠怒聲）你動！要你的命！（急下）

珠　（驚駭仍復倒地慢慢的爬起來撫着胸脯）阿呀！嚇死我了！我還當他是親愛我的

人，那知他是一個拆白，而且還是一個盜匪，咳！怎麽還好回去見我的爸爸我的媽媽呀！（捧心蹙眉）喔唷！喔唷！我的心都碎了！我的腸都斷了！（蹦一聲倒下）

權 （從樹後跳出慌急地跑到珠身邊）珠妹！珠妹！（跪下用手撫其胸）阿呀！不好了！我的珠妹！你怎麽死了！可憐呀！你是一個意志薄弱的嬌兒，那里經得起惡濁社會的百般誘惑，你今走入岐途，受盡了人家的侮辱，送掉你自己的生命。這都是萬惡的環境，造成你這個不幸！珠妹呀！我在這里喊着你！你的耳朵還能聽得嗎？你的嘴吧還能說得嗎？你竟不聽得了，怎麽不能夠答應我呢？！哎！她是已經死的了！那里還能聽得！那里還能答應！（起立）我趕快回去報告吧！（急下）

（此時全臺黑暗）

（警探二人暗上）

甲　喂！兄弟！你看那個亂黨，逃到什麼地方去了？（把電筒照着樹後）

乙　（指着樹林後）那兒不是一個人影嗎？

甲　我們去看！（轉至左邊樹後）兄弟快來！

乙　（指着左邊樹後）這兒有個人影，快來快來！

（此時樹後的人影自右閃出）

（甲乙同至樹林後）

（右邊樹後的人影跳至臺前）

（電筒的亮光從樹後射出）

乙　在這兒了！（趕出）我尋了你好多天！（放一手鎗）站住！不許動！

乙　（人影也放一手槍）你敢拒捕？（續放一鎗）

甲．（人影倒地）（聞聲趕出把電筒照着地上）這不是錢多才那個亂黨嗎？今天是你惡貫滿盈的日子了！（走到錢屍身旁）

乙　（跌一交隨立起）阿呀！……我這裏又是一個女屍！我們趕快報告局裏去吧！

（此時全臺光明）

（二人同下）

（權領着三人上）

賈　（拉了百善的手一步一跌地號啕着）阿呀！我的女兒啊！我那掌珠的寶貝阿！你怎樣拋得掉你的苦命的媽媽呢！（放了百善的手走到屍身旁邊摸道）阿呀！我的心肝！你慢一步走吧！你苦命的媽媽，隨後立刻就趕上來陪着你了！（大哭）

新　（勸賈）媽媽到那邊去坐一坐吧！不要哭了，不要苦壞了身體！

百　（仔細看新現悔悟狀）咳！可憐阿！從前我那樣的待你，實在不應該。都是我老得太糊塗，耳根又太軟，偏聽了他（指珠屍）的話，橫嫌不好，豎嫌不好，（悲聲）只是苦着了你！咳！總恨我會生不會管，百般鍾愛的放縱了他！他現在呢，害得他竟要這的結局！（自槌胸膛）我的心裏怎樣的難過阿！我該死了！我已經死得太晚了！（手挽新頸）競新阿！我的孝順媳婦阿！我現在自己悔悟了！（抱頭大哭）喔唷唷！心裏好痛阿！喔唷！喔唷痛死我呀！（倒在屍旁）

賈　（把手裏的鳥籠掛在樹上走到屍旁蹲下拭着眼淚撫着兩屍）阿呀！他們都跑掉了！祇剩得一個我！（立起顫聲）一個苦獨無依的我！（回頭見錢屍）那……那……那一個又是誰？

權　阿呀！競新的死，就是爲他，……他……他騙去了她的東西，還要拿槍來恐嚇！（激昂地）現在他也到一條路上去了阿！

百 （氣喘顫聲）喔唷！喔唷！心裏好痛阿！喔唷！（跌倒）（新權同上前左右扶持）

百 （環顧左右自顧胸膛）阿呀！阿呀我的心，那裏去了？

權 在爸爸的胸膛裏。

百 （睜目看着）拿刀來開出我的胸膛看，心還在不？

新 那有不在之哩！

百 咳！我的心早已沒有了！

新 好好的還在着呢！

百 咳！那是一個黑漆漆的炭團，不是一顆赤裸裸的良心！（回頭看）我的媳婦呀！總怪我治家無術放纔老太婆虐待於你！（酸鼻聲）你雖不念舊惡，我那裏對得住你！

新 （咽嗚之聲）爸爸呀！你不要這般說阿！我心裏怎樣的難過呢！

百（回頭看權）宗權呀！總怪我家教不嚴，放縱女兒到這般地位，我實在對不住你！（抱歉聲）

爸爸保重身體要緊，舊話何必重提！

百（對着虛空做手勢）阿凱你來了嗎？都是我良心太黑，貪着重利錢，害你做不成一世人！你慢一步走，等着我吧！（把手剔眼向空中望着）咥！眼花了！那裏有什麼阿凱？（哭聲）哪！阿凱你來領我了？（對二人）我要跟他去了！

新（哭聲）呵呀！這個千萬不可，叫我們如何過去？

百（重振精神）那不要緊，（看新指權）你好好的跟着他！（看權指新）你好好的待着他！（反覆細看二人）你們倆一同好好的過這自由快樂的日子吧！（籠中鳥哀鳴）

百（望着鳥籠嘆息）咳！我把你幽禁在籠裏，失了你的自由，實在對不住你！你們快去，替我把這籠裏的鳥，放了吧！

（二人起立起向林間對鳥）

百　（哭着聲音漸漸地微細）阿呀！我的兒子阿！我的女兒阿！我的老太婆阿！（斷續地說）我也來了！（兩手向空望後倒地）

新　（對鳥）可憐的鳥阿！人們恢復了自由，你還幽禁在那里！

權　（取下鳥籠託在手裏）可愛的鳥阿！你也該出了牢籠享這自由的幸福了！

新　你放了他吧？

權　（笑對新）你是已經出籠的鳥！他是正待解放的你！（抽籠門放鳥飛出）

新　（欣喜狀）不錯！我們大家都解放！

權　一切和一切，徹底的解放！

（二人相向立四目相對地看着）

——幕下——

籠鳥怨　二九

國文法句式舉例

國文法句式舉例

江蘇教育廳長題詞

媲美雕龍

周佛海題

楊踐形先生寶象

萬能博士踐形
楊著作等身桃
李芳二十年來
五易稾國文句
式讀書航

醉冷老人題

唐蔚芝先生序

文所以載道也。學將以明其道也。道存則天下治。道亡則天下亂。學而不明其道。其害可勝言耶。今之學者衆矣。明道者何寥寥也。是非亂其心而白黑不辨於目也。夫道載於文。明文然後明道。識文之法。然後文可明也。古者文義不明。後生望道而莫之見。故周公作爾雅。許君作說文。以闡明文法。學者由是而明道。今之治國文法者衆矣。自馬氏文通出。作者踵武。字論派也。句論派也。或用心於綜合。或致力於分析。偏執一途。支離轇轕。學者何由觀其會通耶。淺識者流。又割裂中國文法。傅會歐西。惟新是騖。不揆其本昧我所長。襲其所短。扇其風也。中國之文法非盡歐化不可。肆其毒也。中國之文化亦非盡歐化不可。此所以世亂而愈紛也。夫五洲之人。言語不同。各如其面。文法亦猶是也。吾國古稱文成法立。後之人每疑其無法。是亦不能好學深思之過已。念之未嘗不惘惘也。今楊君踐形哲姿天挺。思深而縝密。溫故而知新。凡五易稿而成國文法句式一書。其疏通證明。條分縷析。不標奇異。固足以啓迪後學。而卓然不惑於流俗者矣。雖然。學以演而愈進。心以用而愈靈。楊君經學理學家。不僅文學家也。其持之有故。世之讀是書者。亦必當深通其故矣。唐文治敬序

召景崇先生序

建屋樓者。必先深其基。築環墉者。必先固其礎。此務本之理也。基未深而欲求屋樓之高。礎未固而欲求環墉之厚。本之不務。徒勞而無功者也。非直樓墉爲然。人之於學亦何莫不然。博學多聞。人之高樓厚墉也。讀書屬文而明字句之應用。則所以深其基而固其礎矣。今之人博習分科之書。而讀書之方法實未習也。多通域外之文。而國文之句讀且勿通也。是殆思務高其樓以爲崇。務厚其墉以爲堅者歟。而豈知崇之本即在坐基之深。厚之本即在立礎之固哉。人苟欲求學之博而聞之多者。又烏能束書而不習。棄國文而不求通耶。梁溪楊踐形先生有鑒於此。特本其二十餘年之心得。而編國文法句式一書。以明字句之應用。句標句式。一句必尋一句之眞。字辨字用。一字必味一字之神。從此讀書有方。無解不通之句讀。屬文有法。無達不出之字意。然後縱覽羣籍。開卷必有所得。可以溫故。即可以知新。如是則學不求博而自博。聞不求多而亦多矣。此務本之效。實先生惠後之衷也。且此編者。息諸家之異論。建文法之正軌。豈特士林治學之南針而已。今春復摘其綱要。約爲舉例十章。馳書徵序於余。余服膺先生既久。雖不文。曷敢辭。謹最前聞。爲述其說如此。

壬申秋召棠敬序

侯病驥先生序

世界文字。無所爲古今深淺。今日視爲古文者。皆昔日之古語也。後人不解古語。是以歷世愈久。自覺文字愈古。抑知今日之所謂語文者。恐他日又將視今日之語文爲古語古文矣。然則通古今語文於一途。非先通文法不可。中國古代訓語之學。卽文法之權輿也。近代馬氏文通爲中國講求文典最有價值之一書。然以引證之書爲較古。讀者或有所難明。於是國文典國文法等相繼而出。鴻鑑亦有初等文法之輯。惜僅供高小學校之用。近十五年間。文法書如雨後春筍。出版尤多。按諸今日中等學校。或亦有所不合於用。楊君踐形。長於易學。而於詞學文學哲學。皆深研求。今輯國文法句式舉例。爲高中部學生作文應用。頗爲適當。蓋合各家之精義。闢獨有之徑途。倂代字於名字。合靜動成象字。增指詞一類。共爲七類。引證頗宗馬氏文通。而於陳氏金氏之說。亦均採及之。此書試驗於吾競志女子中學。學生既均能明解。作文亦均能敏捷。是此書之成效。已見於吾校中。顧可不重視此册哉。楊君囑余弁一言。爰將原稿在淞滬車中流覽一過。卽爲之敘述數行以還之。楊君此書之不脛而走。固意中事。然余與楊君交誼之深。不獲辭。爰寫此。卽以爲序言也可。民國二十一年冬十二月錫山病驥侯鴻鑑

勘誤表

例言六頁式十（「」屬）應在末線下

舉例八頁二行「如」字旁多一點二十二頁十行「而」字旁少一點二十四頁十一行「受介」旁點可刪

	頁	行	誤	正
弁言	2	1	達。意	達意。
	4	10	日本文	日文本
句式舉例	1		詞	字
	2	2	詞性	字類
	3	10	詞位	文位
	4	2	詞	字
	9	4註	詞	字
	10	1註	多『論』字	
	13	2	冰	氷
		5	看	省
	16	4	他動	應動
	17	8	自動	緣動
	20	11	其、子	其子、
	32	1註	『書』上少『漢』	
	38	5註	『于』上少『若』	
	43		詞	字
	48	6	介詞	介字
	51	2	連詞	連字
	63	2	汛	汎
		6	『介』上少『與』	
	67	6	助詞	助字
	90	8	月	日
分類表	14	7	成	遽
	17	4	鈞	迺
	25	末	道難	難道
	26	9	合	令
	27	3	從使	縱使

國文法句式舉例目次

弁言一

語言文字、皆所以發表心意者也。念蘊于心、不能宣之于口、達之于辭、聱牙澀筆、殊感苦鬱。或閱讀書文、而扞格不通、解悟匪易、憤激之狀、難喻諸懷。此皆字誼粗識、而文法未明之咎也。今將使識字之人、開卷必能讀其文、吐辭必能達其意、則國文法之研究不可緩矣。

自馬氏仿歐西 Grammar 之成例而作文通、嗣是國文法書踵武雜出、然皆習紐於西文形式、不免削趾適屨之弊。蓋文法必根據于言語文字之歷史習慣、而我國字製又自有其獨立之特性與價值、視歐西構綴、不必從同、亦不容強同。研究「國文法」者、首宜知此。

世界各國字製、除古代埃及之象形、巴比侖之楔形、及其他少數特例外、同屬「衍聲」一系。惟中國造端六書、而「形」「音」「誼」三者並重、此其不同處也。故號西文爲拼音制（Spelling system）而國文則非拼音（Non-spelling system）號西文爲多音制（Polysyllabic system）而國文則止單音。（Monosyllabic system）文字之構製、既已大別、斯文法之構綴、能無特異。彼性（Gender）數（Number）時（Tense）比（Degree）次（Case）之形變、（Inflection）味同嚼蠟、而西文非此不能達意。至標提貫轉引申致意致意動動連助連助詞詞之活用、傳神、皆國文所特長、而旁行書革者乃闕如也。學者于此、不可不辨。

西人研習中國文法者、始于英之 Joshua Marshman、其言曰「中國文法全從文位定之」、如一「大」字其根誼(Rootmeaning)爲 being great、而可作名（如作 greatness 用）靜（如作 great 用）動（如作 to be great 或 to make great 用）狀（如作 greatly 用）四詞類活用。」又 Henry sweet 亦英人亦云、「中國文法之關鍵、全在文位與虛字。」是故治「國文法」者、宜從國文中求其固有之法則。不可徒事模仿、致系統淆歧、靡所適從、轉舉國文中有裨實用之變化而犧牲之◎非研究國文法者之初衷也。

弁言二

從事國文法者、首宜知研究之職旨何在、于此明辨、庶可免誤用心力、轉趨歧途之弊。綜其要歸、蓋有三點最宜注意、一曰說明文法非求改造成例、二曰整理文法非求模仿西式、三曰實用文法非求虛飾瞻觀。

（1）說明文法　將求學子之能整理文獻、籀讀典籍、攻治學術、發表思想、必先于文字之運用、語句之組織、闡其變化、識其條貫、辨悉當然、了無疑誤、俾文位清晰、詞界明確、然後心與字遇、必皆有境可指、有轍可循、構綴之間、成例俱在、隨處活用、而無扞格不通之虞。此文法之研究所以必待于說明也。說明者、說明文位上所屬之詞類、蓋我國文字以能隨處活用為特長、字類區分本無形式差別、不必執文字個體明分詞界、而祇就所居文位釐定字屬、同時仍可歸納用例、而求得其語源之應入何類。此皆說明文法之研究也。若改造成例、妄施分合、強自衍之文位、就人定之詞界、削趾適履、甯非誣乎。

（2）整理文法　孔子曰、「言以足志、文以足言、」（引志見傳）劉勰曰、「心生而言立、言立而文明。」（文心明道）爰知文字之效用、即以發表思想。夫整理思想之軌範、厥名論理、而整理文字之詞位、則在文法。是故研究文法、不可不根據論理以為說明。蓋思想發表端賴文字。論理已備、而文字未施、猶之徒有方術而實無工具、將何以應用。即有工具矣、然方術雖同而工具不同、則應用之實施亦不盡同。方術、論理也。工具、語言文字也。實施、則文法也。中外之語言文字既不能從同、則實用為文法亦何能強同。而國文法之作者、徧皆取繙譯式之模仿、為即盡能事、毋惑乎文法之愈講而愈晦、愈治而愈棼也。反對者遂竟指國文法之研究爲徒滋紛擾。此皆模仿西式而不知整理國文、探搜成例之咎也。故研究國文法者、幸勿徒事模仿、宜整理成例、以求確證。

(3)實用文法　研究國文法者、將以讀書作文而施之實用也。實用者、從國文之固有成例而求得其普遍條理、加以簡易淺顯之說明、俾便應用而已。至若考究美文之儀蘊、推尋語源之性質、其陳誼非不高也、而遠于實用、則在所後也。又或分析偶變之詞類、搜集奇僻之熟語、其立例非不密也、而背于實用、則亦在所後也。故字屬之非大關係于文法說明者（如名代之合動靜之合及指詞之分出等）、綫之例外之不足以影響于文法全部者（如緣動之必有屬詞指狀之可省受詞等）置之。其職旨所在、要以整理習語之成例、說明句式之文位、而實用於讀書作文爲急務耳。

弁言三

憶自讀納斯斐爾文法第三編（英文本）及落合直文文典（日文本）、乃具字類之觀念。既又治馬氏文通、參以嚴復英文漢詁、始識中外文法之異同。庚戌秋、廣徵文字修辭諸書、成漢文典五卷。歷年修删、舊藁殆盡。近復搜集現代各家文法專著、而定其是。其間確符史傳成例、勿隳國文特質者固有。而過仿域外、矯造用例者亦夥。甚至說不能圓賅，動以例外自掩飾。夫古人學文，本無待於文法，惟能通小學，即可隨意引申活用，古文家用字之巧，訣在此耳。後世行文，徒事模仿，複字日滋，誼界漸泛，而經生則望文生誼，詞人又用事味神，別俗枝蔓，六書益晦。文通殆應時之作歟，後人或抨擊不貸，或圭臬相崇，平心論之，闢徑裒苦，踵事功倍。木屑竹頭，皆前人刈棘芟荊之成績，引援剪裁，在能手之善辨。然若寔臼因循，別無表見，則咿唔學語，棗梨何罪，天壤間甯少一複寫紙邪。而或自狃先入，鋸趾戴盆，反以習語為例外。充其欲，必將盡滅國文之特質與歷史民族之特性而後可。彼參酌東西文法以為研究國文法之比較，固亦他山之意，奈何盡棄其學而學焉，抑亦不善變矣。

造字之初，每一事物，各錫一名，界分形改，瑣碎殊甚。故當時字類之別至嚴，而性之陰陽鳳凰等、數之單複磊等疊體、誼之淺深並說文爾雅、位之主受吾我之別，與今日之蟹行文字蓋未或二。逮夫文字進展，文法活用，始能化繁為簡，化雜為整，俾一切無用之區別，純歸淘汰。證諸丹麥葉氏(Otto yesperson)之言曰，「華文進展最早，其變化歷程，當遠在有史以前。觀今日英語之由繁趨簡，由雜趨整，將來進展之極，或庶幾華文。」是國文法之特質，而為世界先進，實有識者所公認。正宜如何闡發而光揚之，倘希迎合時潮，自負於歷史民族，縱能顛倒當時，其如天下後世何。

弁言　六

考國文法書、有「字論」「句論」之畀。字論派模仿西學、拘執字類、偏尚分析、罕能綜合。其究也、歧異而無所適從。句論派起而革新、循章句之自然、修文法之捷徑、重視綜合、忽略分析。其弊也、混淆而紊厥界誼。皆偏執主觀、未中軌範之咎也。故所謂文法、始必基自綴字、終必構成章句、不可偏廢、亦不容偏重。爰本斯旨、折衷舊聞、凡五易藁而成國文法句式一書。名象併動靜狀指聯助感、爲字七類、主表受屬、爲句二十八式。上溯先秦、下既現世、籀讀獻籍、期免例外。而所徵引、一以論孟莊戴左國史漢間、亦旁採他書、要能簡易淺明爲歸。茲更擷其例句、別爲國文法句式舉例十章。漏誤之處、尚祈明達匡正爲幸。

例言

（字）與（詞） 馬氏文通以詞品爲字、詞位爲詞。 陳承澤國文法草創以實字有客觀的體相用爲字、虛字不能爲主表爲詞。

（名）與（詞） 金兆梓國文法之研究又以實字名學現象上體相爲名。

（按）彙前三說、則詞品爲字、實字爲名、虛字爲詞。

（辭）（Phrase） 字羣短語結合語 吳瀛中國國文法以兼詞合兩字以上而自成意誼者按黎云亦名兼詞爲辭。馬云頓

（按）當作「詞」、以別名學之「辭」。（Proposition）

（讀）（Clause） 子句副句分句與句（Sentence） 文通以意之已全未全分、張㝠飛文法概論從之。 句而後成其爲言也言之而意未畢非續言之不足以達意者曰讀

（按）荀會舉要「成文語絕處謂之句、語未絕而點分之謂之讀。」

（字類）與（文位） 字類無定、著自馬書。字無定義故無定類而欲知其文位活用、各字應歸入之字類當先知上下之文義何如類必從其本用定之而不從其活用定之明活用而未明本用行文時舍模倣外無他法若明其本用則活用自得類推 定於陳草 字類不能從其字定之而祇能從其字所居之文位定之

（按）章士釗中等國文典「倘中文典亦必如英文典之所云、反予學者以歧途矣。」

（體詞）（相詞）（副詞）　誼採金氏詞品表及名學的現象。要徹底研究文法不能不根據名學現象

（句式）　黎錦熙國語文法打破「詞類本位」（Grammar）主張「句本位」

（圖解）　各家圖解法、尤以郭步陶文法解剖採用處較多。

（詞分類表）　自來裕恂漢文典文字典文章典以迄楊樹達詞詮及高等國文法、凡涉文法各家之說、悉斟酌採入。

（按）王引之經傳釋詞以助詞「焉」字下屬爲句、當連詞「則」字講。例晉語乃立奚齊焉始爲令此正文通云「經生家徒以一時讀之順口」者。

劉淇助字辨略闌入象狀、範圍太泛。

顧炎武日知錄「而已爲耳」、此引伸之誼、字本「爾」之假借、故指叙兩列。

（例）「也」按說文名字也、今作助字「兮」之假借。韓詩外傳何其處兮詩旄邱作也表中於此等處略加注意。

狀介連助表不厭詳、廣列「同誼異字」、爲研究文言者古籍自修之一助。故雖經生家言、亦不

全廢。若曰字類本用、則非斯表所及。

（異名） 如靜詞 形容詞 狀詞 副詞 介詞 前置詞 連詞 接續詞 感詞 歎詞 主分 主要成分 主詞 起詞 主格 表詞 語詞 述詞 說明語 屬分 連帶成分 受詞 止詞 賓格 目的語 屬詞 轉詞 司詞 副格 補足語 偏次 附加成分 實名 實體名詞 專名 私名 本名 固有名詞 類名 普通名詞 羣名 集合名詞 質名 質料名詞 通名 抽象名詞等、其餘例推。

（主體句式圖解）

分析時、先畫句式圖格、然後按詞填入。正次填柱線左格中、主詞首格雙線上、雙線上爲句主本體、表詞次格雙線下、雙線下皆句身現象、受詞止格中線下、屬詞末格末線下。

例言　四

偏次填柱線右旁、象副貼主受旁、領象名詞爲之更在右線右旁、狀副貼表詞旁、屬狀冠介名詞有三式、提屬提主詞前填翹右線引翹表旁右線齊柱線頂右旁、副屬副表詞上填表右線表旁右線右旁、附屬填垂右線引垂表旁右線齊柱線底右旁。

（圖線名稱）

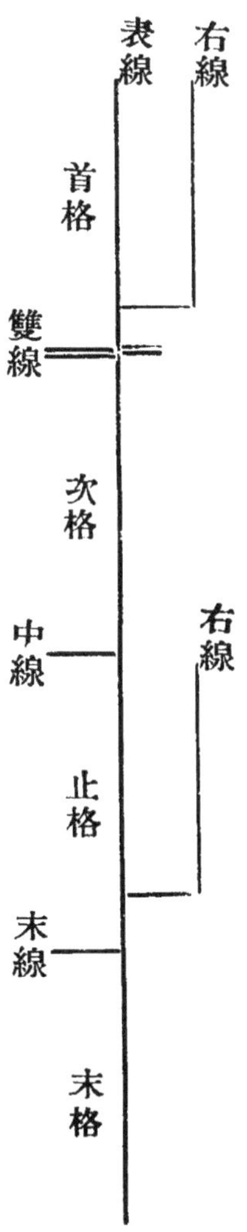

（屬狀三式圖線名稱）

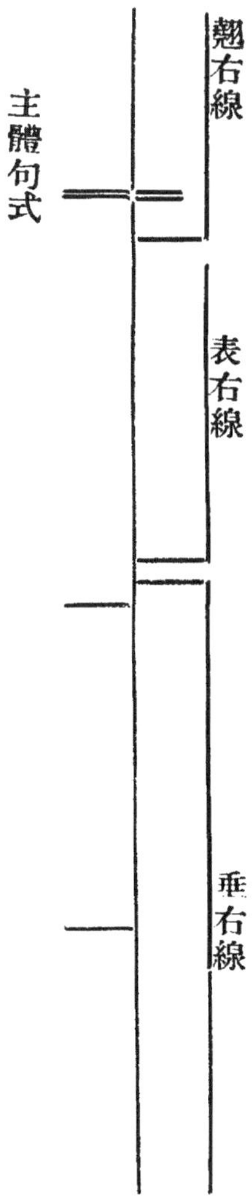

（式一）靜象自動

(式二)他動

(式三)轉動

(式四)自成動

(式五)他成動

(式六)提屬

(式七)副屬

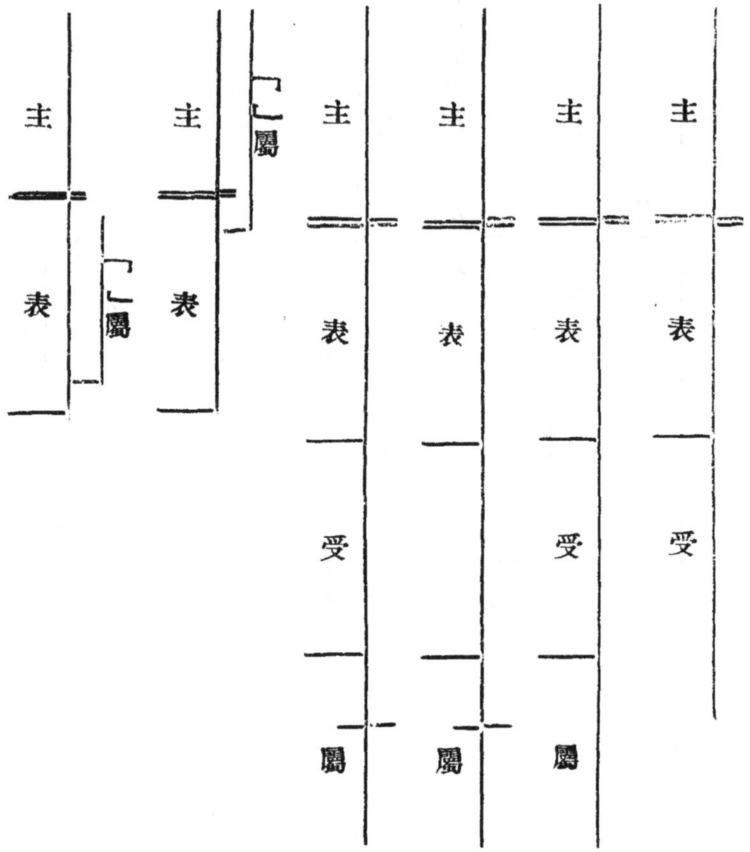

例言

五

例言　六

（式八）緣附屬

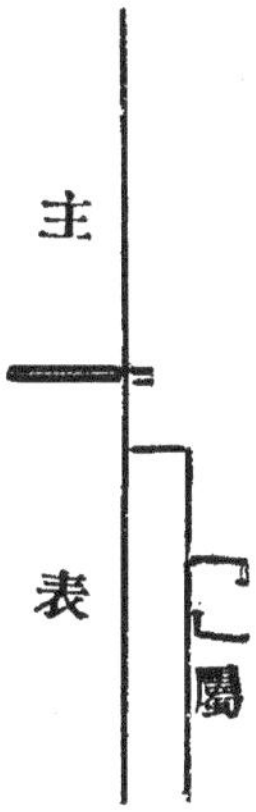

（式九）他附屬

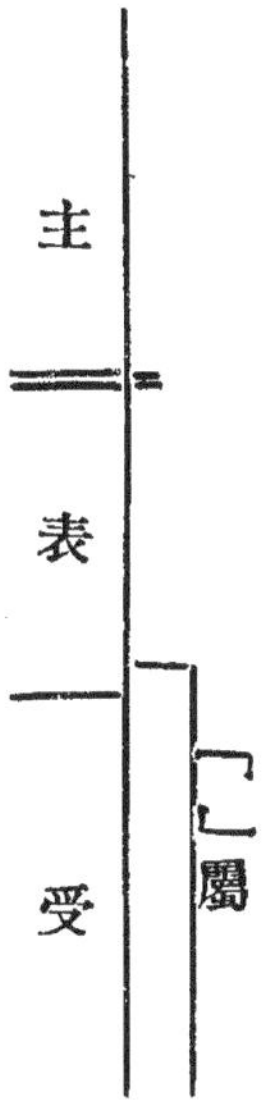

（式十）轉附屬

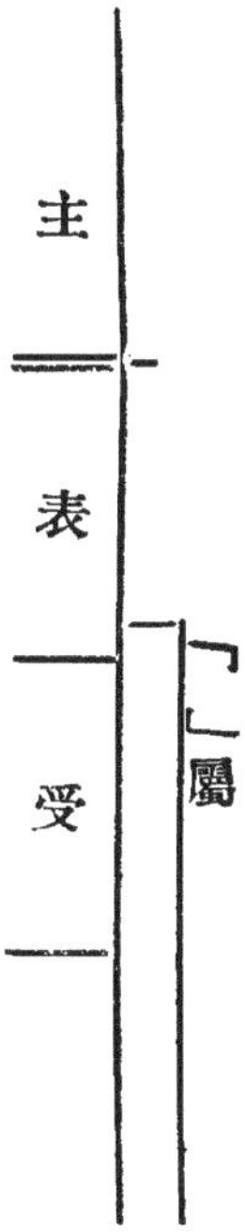

（例）我把他送進一所房子裏

（式七變十）副附屬

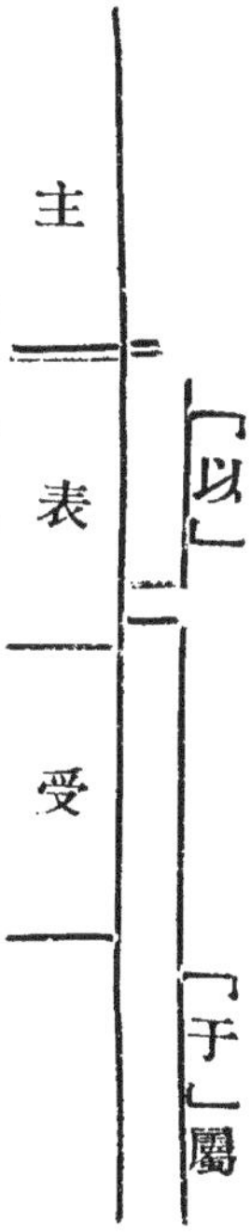

（式十一）提副屬

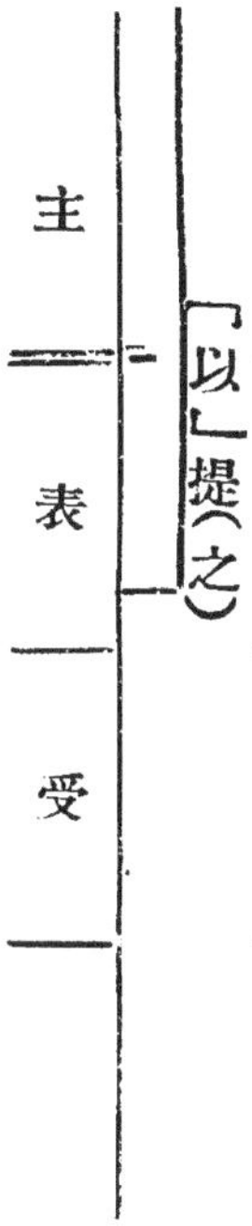

（式十二）倒主

（式十三）倒受

（式十四）特提受

（式十五）重提受

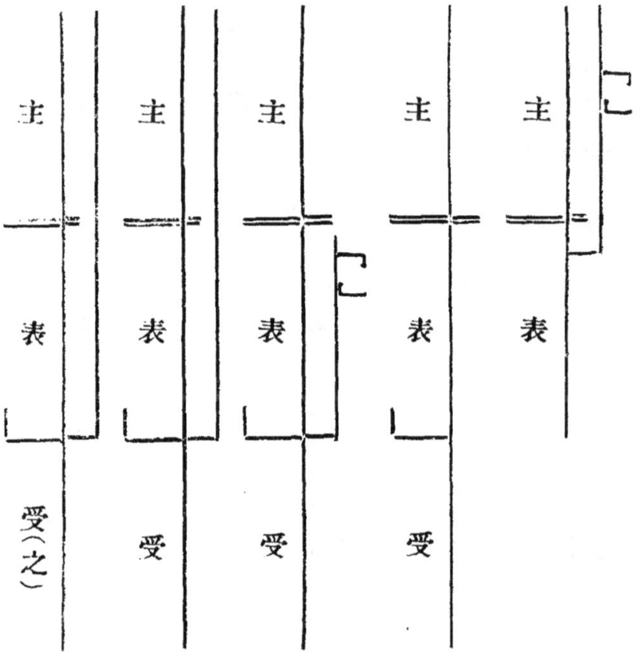

例言

（式十六）省受

七

例言　八

（式十七）提受屬

○　表　受　為　屬

（式十八）贅狀願請

主　表「」　受

（例）無贅　王勿憂也　秦策

用贅　王請勿疑　孟子

（式十九）兼動受承

主　表（而）表　受

（式二十）兼動受蒙

主　表（而）表　受（之）

（式二十一）簡承讀

主　表　兼　屬

例 言 九

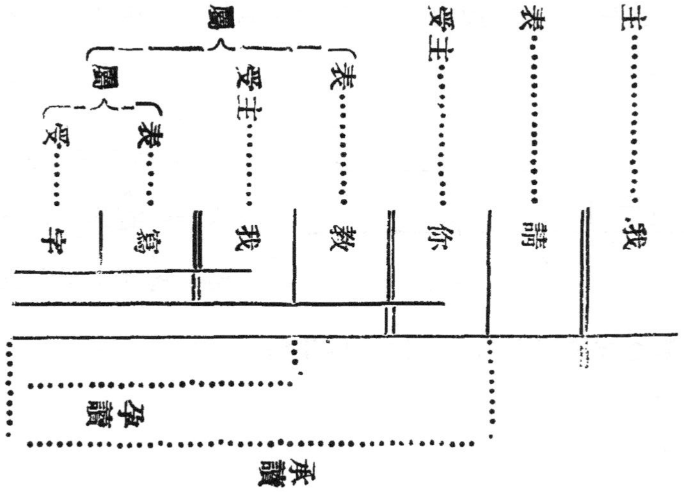

（式二十三）孕讀

（式二十二）繁承讀

（例）他情動 愛之欲其富也 孟子

例　言

一〇

讀式圖格、形同句式、惟縮小在格中耳。如承讀當受詞用、孕讀當承讀之受詞用。餘讀例推。

（主體詞位例句）

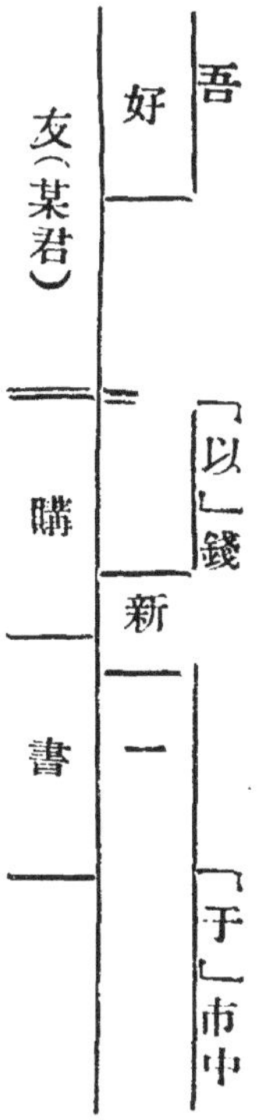

（正誤自檢法）

分析填圖、訖聯正格中字、成句者正、不成者誤。如本句、聯讀曰「友購書。」

（註）遇弗狀奇者表上誌一細點耦者弗論

（受體句式圖解）

受作句體、施卽原主、表爲受動。

首線改畫闊線。司施中線作雙線。檢誤時用返讀法、如「子爲父所愛」句、起次格「父」、歷止格「愛」、返首格「子」、聯讀曰「父愛子。」

轉施中線作波線。檢誤時用倒讀法、如「子見於愛父」句、起止格「父」、倒次格「愛」、終首格「子」、聯讀曰「父愛子。」

受體句式

(式二十四)司施

(式二十五)轉施

(式二十六)司施附

(式二十七)成動

(式二十八)謂動特例

例言

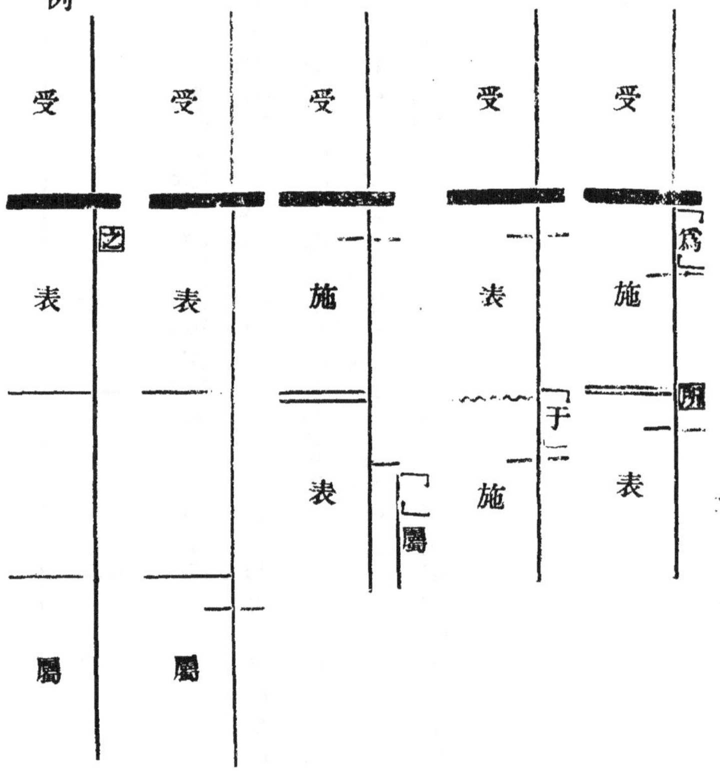

二

例言

一二

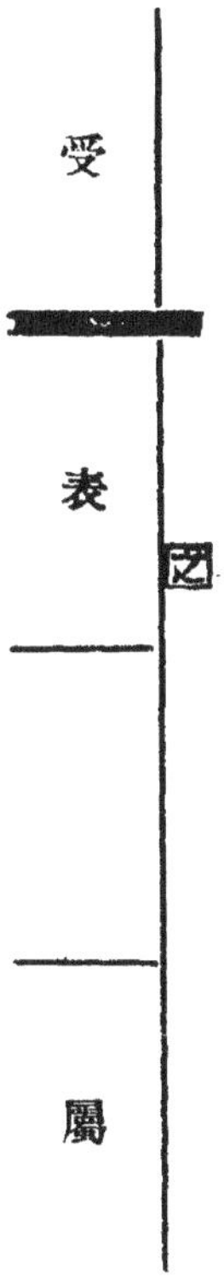

（注）分析句法、本有圖解與表解兩種。鄒熾昌國語文法概要兩種兼備。表解又分橫式（楊樹達中國語法綱要亦是、但與各家異）縱式（以郭氏文法解剖好些）更有等式。（王應偉實用國語文法中形容詞附加語之配置有此）踐形此式、煞費苦心、不僅分析字類文位、更求不失原句神情于讀古書、撰文字、未必無小補云。

（文言）（語體）　戴渭清國語虛字用法主張「言文虛字之講通、」每類舉例、語體外兼引文言可取。

國文法句式舉例

楊踐形編

第一章 總則

第一節 國文法之定誼

國文法者研究我國文位固有之習用變化以發表思想之術也。

第二節 體相二念

思想形成不出體相二念其間關係至密構意象組句讀即基于此。

第三節 詞辭句讀

【一】字 表思想中單純意象曰字。

【二】辭 異詞合成一誼曰辭。

【三】讀 體相二念雖備而意未盡曰讀。

【四】句　意全而語已絕曰句。

第四節　詞性

辨別言語中意象之品用曰字類。

【一】實字　用以示整個單純之意象。

（一）體詞　事物之具體詞。（名詞）

（1）主體　表施動者如「鳥飛」「月明」之「鳥」「月」二字。

（2）受體　表受動者如「孺子可教」（史記）之「孺子」是。

（二）相詞　事物之抽象詞。（象詞）

（1）靜象　標固有之性態如「明」字是簡稱靜詞。

（2）動象　標偶變之現象如「飛」字是簡稱動詞。

（三）用詞　由外賦性以限制體相。（副詞）

(1)象副　用以副體、卽象詞之副用。

(2)狀副　用以副相、簡稱狀詞、如「丞相尙臥」史記之「尙」字。

(3)指副　用兼體、相、簡稱指詞、如「他人有心」詩經之「他」字。

【二】虛字　用以聯實字、傳語勢。八詞古曰

(一)聯詞　聯繫詞讀、使生關係。

(1)介詞　介屬緣、如「因此怒」史記之「因」字。

(2)連詞　連承、轉、如「雖愚必明」中庸之「雖」「必」二字。

(二)助詞　助傳語勢、表現神情、如「汝可疾去矣」史記之「矣」字。

(三)感詞　獨用以表情感之聲、如「惡是何言也」孟子之「惡」字。

第五節　詞位

辨別各意象構成句讀之職務者、曰文位。國文法之字類、一依文位活用、非如

歐文之有形式區別也。

【一】正次　綴詞成句以示意誼。

（一）主分　句讀主要成分至少必具體相二念。

(1)主詞　發表思想時所念事物之本體。(即名詞)

(2)表詞　所述事物之現象。(即象詞)

（二）屬分　表詞連帶之關係部分。

(1)受詞　附他動詞後之體詞而爲其勢力所及者如「君賜食」(論語)之「食」字。

(2)屬詞　後附以足成表誼如主屬受屬。

【二】偏次　附加于正次以表象狀。

（一）象詞　修飾或限制體詞。

(1)本象　象指二副爲之、如「廄有肥馬」孟子之「肥」字。

(2)領象　體詞爲之、如「余讀孔氏書」史記之「孔氏」是、簡稱領詞。

(二)狀詞　修飾、或限制、相副。

(1)本狀　狀指二副爲之、如「丞相尙臥」史記之「尙」字。

(2)屬狀　體詞爲之、如「則兄事之」禮記之「兄」字、亦歸屬詞。

【三】同次　先後主受領三詞、而與同次。

(一)駢詞　凡職銜、稱謂、總攝、解釋、類提等皆是、如「公子姊爲趙惠文王弟平原君夫人」史記之「姊」與「夫人」同次。

(二)呼詞　申訴、或警告、對語者用之、如「由誨汝之乎」論語之「由」字。

第二章　名字 併入代字

第一節　名字之分類

表體詞及有體詞之用以名一切事物者曰名字。

【一】實名　由感覺辨察而識。

（一）專名　唯一事物私有之名。

（1）人物　旁用直線標如「孔子」。

（2）國邑　旁用雙線標如「泰山」。

（3）書篇　旁用波線標如「論語」。

（二）公名　同類事物共用之名。

（1）類名　有形可數既指此物個體兼表同類全部「人」「物」是也。

（2）羣名　集合羣體成一單位可數不必有形「軍」「族」是也。

（3）質名　構製物質之材料，有形不可指數，計以容量，「粉」「油」是也。

【二】通名　由理知推解而悟。

（一）懸名　諸懸意之名，如「名」「位」是也。

（二）標名　諸標幟之名，如「甲」「徵」是也。

【三】代名　代事物本名，省蒙上複舉之繁，簡稱代詞。依陳承澤併代歸名

（一）稱代　用代人物稱呼之名。

（1）自稱　代發語者，如「我」字。

（2）對稱　代與語者，如「爾」字。

（3）他稱　代所語者，如「其」「之」字。

（二）指代　指別事物，或代前詞之名。

(1)返指　指施動者，如「己」字。

(2)承指　前指詞，如「君子居是國也，其君用之」（孟子）之「其」「之」字。

第二節　名字之轉成

【一】複名　二字以上之名字。

（一）複字　複音名物，如「弟弟」（同音）「枇杷」（雙聲）「玫瑰」（疊韻）。

（二）合字　異詞合成，如「空氣」（名靜）「麵包」（名動）「新聞」（狀動）「至善」（狀靜）。

【二】準名　由他詞話用轉來，即以副詞攝所省之本詞也。（即通名，餘倣此）

(1)靜名　用靜字以表事物之性狀，如「白馬之白」（孟子）上「白」字靜象，下「白」字通名。

(2)動名　用動字以表事物之動作，如「憂人之憂」（孟子）上「憂」字動象、下「憂」字通名。

（3）狀名　用狀攝象、兼以攝名、如「天之蒼蒼」莊子之「蒼蒼」是。

第三節　名字之數

公名可副數字、而質名、必間容量。先後名詞皆可

（一）容　用盛器、個體、計質名之容積、如「一豆羹」孟子。

（二）量　用特製器械、計質名之度長度、量容量、衡重量、圜貨幣、諸法、如「今子長八尺」史記

類質二名、用法不同。

（一）類　指個體、如「渺滄海之一粟」蘇軾前赤壁賦之「粟」字。

（二）質　計容量、如「馬之千里者一食或盡粟一石」韓愈雜說之「粟」字。

專通二名、附數活用作公名。

國文法句式舉例　九

（一）專　如「雖有百盎、可得而間哉。」（百譏人如袁盎蘇軾晁錯論論）

（二）通　如「殷有三仁焉。」（論語）

代名惟稱代可加「儕」「曹」「屬」「輩」「等」字、成複數、（與類名同）如「願汝曹效之。」（馬援誡兄子嚴敦書）

第四節　名字之次

名字位在句中、有主受（正次）領（偏次）三次。

（一）主次　即主詞、呼詞。代名中他稱承指用「其」不用「之」。（語體文已廢主受別）

（二）受次　即受詞、（司詞轉詞屬之）如「鄭伯克段于鄢」、（左傳）「鄭伯」主次「段」受次、「鄢」轉詞代名用「之」不用「其」。

（三）領次　即領象、如「余讀孔氏書。」（史記）代名同主次、如「其君用之」、（孟子）「其」領次「之」受次。

第五節　語體文稱代字表

西文稱代字，于稱（Person）數（Number）次（Case）之外，更區性（Gender）為陽（Masculine）陰（Feminine）通（Common）中（Neuter）四類。國文本無性別之必要，但譯西文，有之較切。

語體文稱代字表

稱	性	正次 單數	正次 複數	偏次 單數	偏次 複數
自稱		我	我們（偺們）	我的	我們的
對稱		你	你們	你的	你們的
他稱	男性	他	他們	他的	他們的
他稱	女性	她　伊	她們	三項例推	
他稱	中性	牠　它	牠們		
他稱	通性	佢	佢們		

國文法句式舉例　一三

第三章　象字（即靜字與動字）

「佢」字見陳望道文法講義附用字新例

第一節　象字之分類

述事物之現象或修飾體詞者曰象字。

【一】靜象　表事物之固有性態或其程度簡稱靜字。

（一）表象　表性態。

（1）性象　象性德如「禹聞善言則拜」（孟子）之「善」字。

（2）形象　象形體如「工師得大木」（孟子）之「大」字。

（3）感象　象感態如「彼白而我白之」（孟子）之「白」字。

（二）比象　比程度如「鄉人長于伯兄一歲」（孟子）之「長」「伯」字。

（1）類比　主屬二象比類可喻。（用類比介）

〔用象〕「君子之交淡若水」莊子

〔省象〕「肌膚若冰雪」莊子

（2）勝比　所比兩詞、勝劣不同。用勝比介

〔用象〕「金重于羽」孟子

〔看象〕「然以畏匈奴于漢使焉」史記

（3）極比　於所比之象、推至于極。用極比狀

〔見極〕「諸子中勝最賢」史記

〔泛極〕「至大不可圍」莊子

【二】動象　表事物之偶變情狀或其關係簡稱動字。

〔一〕內動　動作內凝止乎自身不轉受動。

（1）自動　動無所著。

(Ⅰ)體動　表動作、如「孔子行。」論語

(Ⅱ)事動　表行爲、如「吾將仕矣。」論語

(2)緣動　有緣、屬、限、指、所、著、勿誤認爲受詞省代用指助「焉。」不用之

(Ⅰ)緣處　表所從歷至在、如「有人從橋下走出。」史記

(Ⅱ)緣物　表所歸向人物、如「耳屬于垣。」詩經

(二)外動　動、作、外、射、及、于、他、物、卽受詞、副指狀可省受省代用指代「之。」不用焉罕

轉、致、動。

(1)他動　必有、受、詞、可轉受動。

(Ⅰ)施動　表處分、如「桀作瑤臺。」新序

(Ⅱ)驗動　表經驗、如「伯夷總主目承主不視惡色。」孟子或有承讀如他情動

(2)轉動　交接、事、物、以此、轉、彼、故有。雙受。

國文法句式舉例

（一）承人　以人爲承受。直接表詞之下

（屬受）　無介之事物爲屬受如「秦不予趙城。」史記

（屬狀）　用介之司詞爲屬狀如「子犯以璧授公子」左傳此司

先法「胥臣蒙馬以虎皮。」左傳此司後法

（二）承物　以事物爲承受。

（屬受）　無介之人地爲屬受如「請奉盆缻秦王以相娛」史記

（屬狀）　轉介之轉詞爲屬狀如「王如施仁政于民。」孟子句式十

（3）應動　酬應人事，拒允請託勸禁，受即承讀之主詞屬受詞相應動作之相合成承讀。

（正式）　「子產使校人畜之池」孟子

（省受）　「楚薳越使告于宋」左傳

〔三〕效動　同動、之效、非動、之迹。

(1)情動　對事物之情感。

〔Ⅰ〕自情　同自動用、如「民大悅。」孟子

〔Ⅱ〕他情　同他動用、而受屬間參「之」字、如「民惟恐王之不好勇也。」孟子

(2)成動　表事物之變成。

〔Ⅰ〕自成　同自動用、或附主屬、用名詞申說主體　省代用決助「也」「矣」、不用焉之如「莊周夢爲蝴蝶。」莊子

〔Ⅱ〕他成　同他動用、後附受屬、除以動外皆用名詞申說主體　示受詞、影響之、所成、以決狀、曰爲等字可轉受動。

【認定名誼】

〔謂動〕「楚人謂乳穀」左傳無狀「君命太子曰仇」左傳有狀

〔以動〕「高祖以蕭何功最盛」史記無狀「吾必以仲子爲亘擘」孟子有狀

【變更關係】

〔用動〕「秦嘉已立景駒爲楚王」史記

〔變動〕「聖人能以天下爲一家。」禮運

(3)同動　顯事物之關係。

〔I〕比擬　同自動用、如「徵舒似汝。」左傳

〔II〕所有　同他動用、有領有藏有負有如「無臣而爲有臣。」論語

第二節　象字之轉成

【一】複用

（一）同誼　類似、二誼、連用、如「聰明」複靜「栽培」。複動

（二）異誼　對待、二誼、連用、如「公私」複靜「因革」。複動異誼象用爲多

（三）合誼　不同、字、類、連、用、如「不義」狀靜「未來」。狀動

【二】轉用

（一）靜用

（1）表用

（名轉）「戎狄豺狼」左傳

（狀轉）「公等錄錄」史記「而目衝然、而顙頯然。」莊子

（2）象用

（名轉）「螓首蛾眉」周詩此比喻法「桓溫少時與殷浩共乘竹馬」晉書此質料法

〔狀轉〕「夫有尤物足以移人」左傳

〔二〕自動用

〔名轉〕「晚來天欲雪」白居易詩

〔他動轉〕「楚人勝」孟子

〔三〕緣動用

〔名轉〕「所居鄰佛殿」苻堅志

〔靜轉〕「其于長者薄」史記

〔自動轉〕「少小離家老大回」賀知章詩

〔他動轉〕「四夷之樂陳于門」後漢書

〔四〕他動用

（1）職動用　本身、或[illegible]之、以、及物、時、動、象。

國文法句式舉例　二〇

（名轉）「莊王親自手旌」左傳

(2)意動用　于受詞有「認爲」「以爲」之象。

（名轉）「我不可以夫人之乎」穀梁傳

（靜轉）「少年壯其意」後漢書

（自動轉）「魯人欲勿殤童汪踦」禮記

（狀轉）「甚鄭伯之處心積慮」穀梁傳

(3)致動用　于受詞有「自然」「致然」之象。

（名轉）「齊桓公合諸候而國異姓」史記

（靜轉）「人潔已以進」論語

（自動轉）「寢其女于帳中」史記

（效動轉）「今尊立其子將疑衆心」後漢書

第三節　象字之表用

【一】主動式　施者爲句主。

（一）表相　有主爲體有表爲相已成完句。句式一

(1)靜象　「月明」「星稀」曹操短歌行

(2)自動　「烏鵲南飛」曹操短歌行

(3)自情動　「民大悅」孟子

（二）承受　主表之後承有受詞。句式二三

(1)他動　「田生已得金」史記句式二一

(2)轉動　「秦不予趙城」史記句式三

（三）附屬　後附屬詞足成表誼。句式八四五

(1)表象　「民勇于公戰」史記

國文法句式舉例　二三

(2)比象　「君子之交淡若水」莊子

(3)緣動　「我來自東」詩經並句式八

(4)自成動　「莊周夢爲蝴蝶」莊子句式四

(5)他成動　「聖人能以天下爲一家」禮運句式五

(一)兼動　一受詞兼承數動象亦複表詞

(1)疊用　疊用動詞不同複動。

(Ⅰ)兩疊　「齊伐取我隆」史記

(Ⅱ)三疊　「公令胥童以兵八百人襲攻殺三郤」左傳

(2)連用　兩動象間連以「而」字。

(Ⅰ)承受　受承首動下「而」字上。句式十九

(次承代)　次動後承代「之」字如「諸大夫扳隱而立

之。」公羊傳

〔次弗狀〕次動、副、弗、狀、則省、承、代、如「求牧與芻而不得」孟子

〔三〕蒙上　受詞已見上文。句式二十

〔次承代〕首動、省、受、如「王往而征之。」孟子

〔次弗狀〕首動、承、代、如「君子之于物也、愛之而弗仁。」孟子

〔五〕承讀　讀爲、受詞。

（1）他情動　「孟嘗君怪其疾也。」齊策疾狀字攝相用句式二十一

「民惟恐王之不好勇也。」孟子承讀主表間每參助「之」字

（2）應動　「子產使校人畜之池」孟子並句式二十二

〔六〕倒式

(1)倒主　提緣屬、或倒主表、如「正月繁霜。」詩小雅句式十二

(2)倒受　受倒表上、句式十三

〔Ⅰ〕弗狀　「鄰國未吾親也」齊語

〔Ⅱ〕參助　「余唯利是視」左傳助加框位狀上

(3)提受　受提主前。

〔Ⅰ〕弗狀　「自行束脩以上、吾未嘗無誨焉。」論語句式十四

〔Ⅱ〕承代　「善人吾不得而見之矣」論語句式十五

〔Ⅲ〕承屬　「子以爲泰乎」孟子以動特例亦可單用一字句式十六

(4)提受屬　「我何以湯之聘幣爲哉」孟子句式十七

【二】受動式　受者、爲句、主原、主稱、施。

〔一〕司施　施位、副、屬冠受、介、「爲」字。句式二十四

(1)正式　「衞太子爲江充所敗」漢書

(2)省式

(省爲)「此天下所希聞」李陵答蘇武書

(省所)「道術將爲天下裂」莊子

(省受)「不爲酒困」論語

(省施)「父母宗族皆爲戮沒」史記

(二)轉施　施位附屬冠轉介「于」字。句式二十五

(1)正式　「彌子瑕見愛于衞君」韓非

(2)省式

(省見)「勞力者治于人」孟子

(省受)「受械于陳」漢書

（省施）「盆成括見殺」孟子

（三）無施　成動受式、承屬無施。句式二十七八

（1）通式「天下合爲一家」史記句式二十七

（2）特式　謂動特例、表詞上下或助「之」字、如「此之謂大丈夫」、孟子「君在斯謂之臣」。禮記並句式二十八

第四節　象字之副用

【一】分類

（一）領象　用體詞表人物之系屬。

（1）物主「余讀孔氏書」史記

（2）物在「齎三十日食」漢書

（3）物關「軍旅之事未之學也」論語關於

(4)物受　「盡狗馬之樂」漢書對於

(5)物施　「有宋朝之美」論語

(二)本象　用相詞爲事物之修飾。

(1)靜象　「工師得大木」孟子

(2)內動　「民有飢色」孟子

(3)外動　「酈生常爲說客」史記「斬馬劍各一」班彪答北匈奴詔

(4)象讀　「逆負先帝憂國之意」漢書

(5)約分　偏次分母正次分子如「是則罪之大者。」孟子

【二】用法　語欲其耦便于口誦「之」字參否大率視此。

(一)兩奇　不參「之」字。

(1)例　「廏有肥馬」孟子

（2）變　「君之惠也」左傳

（二）奇耦　偏、正、兩、次、一奇、一耦、則參、「之」字、以耦、之。

（1）例　「秦虎狠之國」史記偏耦正奇偏疊數耦亦同

「子之兄弟事之數十年」孟子偏奇正耦偏不論正疊數耦同

（2）變　「爲社稷計」漢書前例

「獨人父母」漢書後例

（三）兩耦　牵參「之」字。

（1）例　「天下之善士」孟子

（2）變　「臣請言大王功略」漢書「置左右賢王」史記對待象不參之

（四）偏雜　偏次重疊或遞屬。

（1）疊　重疊、奇、象、不參、「之」字、如「以是藐諸孤辱在大夫。」左傳

雜象、相、地、參、「之」如「不腆先君之敝賦。」左傳

(2)遞　數象、遞屬、不參、「之」則筆。法。簡。潔、如「竇嬰者孝文后從兄子也。」漢書

即參「之」亦依(二)項正奇之例、如「齊東野人之語。」孟子

第四章　狀字

第一節　狀字之分類

限制、或修、飾、相、副、(及連介)者曰狀字。

【一】況狀　專修、飾、表、象可轉表用。

(一)貌狀　貌狀字書所稱某貌某意以修飾表詞、罕轉致動他動用、不受狀副。

(1)複字　如「彷彿」雙聲「逍遙」疊韻「源源。」重言

(2)綴助　任何字類、綴以「乎」「然」「爾」「焉」「若」「如」「斯」

「諸」「兮」等字、形成狀副、如「天油然作雲」。孟子

(3)冠介　任何詞讀、冠以「猶」「如」「若」「實」「惟」諸字間綴助詞也者然

形成狀副、如「君之視臣如手足」。孟子

(二)態狀　描寫、如何、成事之態、除屬狀名詞轉來外、皆可與動靜互轉。

(1)名轉　名轉、狀副、別稱、屬狀。

(Ⅰ)動態　主詞、動作之態、含比介、「如」字、意如「豕人立而啼」左傳之「人」字。

(Ⅱ)關係　所用、之方法、或工具、含用介「以」字、意如「臣請劍斬之」漢書之「劍」字。

(Ⅲ)待遇　待遇、受詞、之方法、或關係、含用介「以」字、意如「秦虜使其民」趙策之「虜」字。

〔Ⅲ〕從處　動作、所、由、或、所、向、之物、含從介、「從、」字、意如「汝專利而不厭、予取予求」左傳（杜注：從我取從我求）之「予」字。

〔Ⅴ〕現象　如「萬石君必朝服見之」漢書之「朝服」字。

(2)靜轉　「民大悅」孟子之「大」字。

(3)動轉　「富豪皆爭匿財」漢書之「爭」字。

【二】範狀　專限象範、不轉表用、不次屬狀指狀之後、可副連介。

〔一〕時狀　記事、成、之時或名靜轉、有屬狀。

〔附註〕範時(Tense)與指時(Time)不同

(1)往時

〔Ⅰ〕最遠

〔初〕昔　「初內蛇與外蛇鬥于鄭‖南門中」左傳

（先）夙　「振人不贍、先從貧賤始」漢書

（素）「盾素仁、愛人」史記持續

（II）較近

（已）「田生已得金」史記

（曾）「孟嘗君曾待客夜食」史記經驗

（III）最近

（才）「傷痍者甫起」漢書剛才

（2）現時

（I）現今……「兒見在」漢書

（II）恰正

（正）……「上方踞牀洗、召布入見」史記

（恰）「其貌適吾所甚惡也」呂覽會適

（3）來時

（I）最近

（卽）「度不中不發、發卽應弦而倒」史記

（乃）「侯生視公子色終不變、乃謝客就車」史記這才

（幾）「我幾不脫虎口」史記

（II）較遠

（將）「今人乍見孺子將入于井」孟子

（旋）繼「卽竄以藥、旋下、病已」史記隨卽兩事相距不久

（III）最遠

「奉匜沃盥、既而揮之」左傳下綴連詞

國文法句式舉例　三二四

〔後〕晚　「後人來至蛇所、有一老嫗夜哭」史記

〔終〕竟　「雖欲學吾術、終不告之矣」史記

(4)泛時

〔Ⅰ〕偶發

〔偶〕「偶語詩書」史記

〔Ⅱ〕綿延 持續 反復

〔常〕「常從王媼武負貰酒」史記

〔久〕「安能鬱鬱久居此乎」史記

〔Ⅲ〕漸進

〔漸〕「此雖小失、而漸壞舊章」後漢書

〔徐〕「徐行後長者」孟子

(Ⅲ)匆促

(暫)短　「暫到京師而還」後漢書

「我姑酌彼金罍」周詩

(頓)　「我有善、則立譽我」管子

(遽)急　「僕人以告、公遽見之」左傳

(倏)　「行十餘步、人忽不見」漢書

(Ⅴ)閒暇

(暇)　「周文王至于日昃不暇食」漢書

(二)處狀　限事、成、之處、由名靜轉有屬狀。

(1)名轉　「徒多道亡」史記之「道」字。

(2)靜轉　「鳥自高飛」烏鵲歌之「高」字。

（三）數狀　限事、成之程、此類、狀、副、較、爲、純、粹。

（1）計狀（次數）

（始）「挑始華」（月令禮）

（再）「景帝再自幸其家」（漢書）

（屢）「與單于連鬥十餘日」（漢書）

「沛公輒解其冠、溲溺其中」（史記）

（2）度狀（程度）

（Ⅰ）約狀

「見佗北壁懸此虵輩約以十計」（魏志）估量之「約」字。

「章小女年可十二」（漢書）附數之「可」字、

（Ⅱ）比狀

(一)差比「上怒稍解」史記之「稍」字。

(二)類比「主似賢」史記之「似」字。

(三)勝比「如水益深」孟子之「益」字。

(四)泛比「見其迹甚大」史記之「甚」字。

(五)過比「物禁太盛」史記之「太」字。

(六)極比「高祖以蕭何功最大」史記之「最」字。

(3)量狀範圍

〔Ⅰ〕部分

〔獨〕「己獨集于枯」晉語之「獨」字。

〔僅〕「齊王遁而走莒僅以身免」史記之「僅」字。

〔偏〕「天不頗覆、地不偏載」漢書之「偏」字。

國文法句式舉例　三

（II）全體

〔兼〕「達則兼善天下」孟子之「兼」字。

〔全〕「項羽悉引兵渡河」史記之「悉」字。

「陳勝王凡六月」史記附數之「凡」字。

（四）意狀　主觀、揣、度、非客觀描寫　可與相詞互轉。內有干字普通文法以爲助動同動自動

（1）事狀　重在事理方面。

〔I〕實狀　眞確　「吾不與誠語」漢書之「誠」字。

〔II〕勢狀　趨勢　「彼必自負其財」史記之「必」字。

〔III〕宜狀　應該　「是宜爲君、有恤民之心」左傳之「宜」字。

〔IIII〕果狀　歸著　「吾是以不果來也」孟子之「果」字。

〔V〕效狀　可能　「皆言匈奴可擊」史記之「可」字。

(2)情狀　重在心理方面。

(I)願狀（決定）「憝然肯來」（詩經）之「肯」字。

(II)特狀（特地）「故特召君耳」（史記）之「特」字。

(Ⅲ)揣狀（推度）「沛公殆天授」（史記）之「殆」字。

(Ⅲ)冀狀（幸望）「庶免于難」（左傳）之「庶」字。

(V)轉狀（相反）「足反居上」（漢書）之「反」字。

(VI)仍狀（不變）「丞相尙臥」（史記）之「尙」字。

(3)斷狀　判別事物及動作。

(I)決狀（決然）

(是)「蓋已卑、是蔽目也」（考工記）

(有)「日有食之」（春秋）

〔II〕弗狀否定

〔非〕「非惡其聲而然也」孟子

〔無〕「富人莫肯與者」史記

〔不〕「人不知而不慍」論語

〔未〕「未嘗君之羹」左傳

〔毋〕「將軍毋失時」史記

〔III〕詰狀　「雖有臺池鳥獸、豈能獨樂哉」孟子之「豈」字。

第二節　狀字之用法

【一】本狀

〔一〕提用例　僅、時、狀、可、提、用、如「初、內蛇與外蛇鬥于鄭南門中。」左傳

〔二〕副用例　一、切、狀、字、皆、可、副、表、副、之、先。

(1)副表用

(一)狀名　「子誠齊人也」孟子

(二)狀靜　「平城之下亦誠苦」漢書

(三)狀動　「吾不與誠語」漢書

(2)副副用

(一)狀象　「窈窕淑女」周詩

(二)狀狀　「沛公誠欲倍項羽邪」史記

(三)狀介　「誠以定治而已」漢書「尉佗之王本由任囂」史記「不如逃之」左傳

(三)附用例　若干、本、狀、可、附、表、後、如「爲之難」「趨進翼如也。」並論語

【二】屬狀

國文法句式舉例

（一）提屬例　時處提主前者無介。

（1）時屬　「他日君出」孟子

（2）處屬　「沙塠旁風飛揚」魏樂府

（二）副屬例　時處數副表先者無介。

（1）時屬　「適千里者三月聚糧」莊子

（2）處屬　「下馬地門」漢書

（3）數屬　「足二分垂在外」莊子

（三）附屬例　時處數附表後可免介。

（1）時屬　「晉侯在外十九年矣」左傳

（2）處屬　「貧種瓜長安城東」漢書

（3）數屬　「道廣五十步」漢書

四二

第五章　指詞

限別事、物、之範、圍、者、曰指詞。備體相副之用。

【一】時範　指示時期。

〔時名〕　名用、通名如「今夕何夕。」詩齊風東方之日

〔時象〕　表用、動象如「秋分夕月于西郊。」禮王者祭月曰夕月

象用、如「夕陽熏細草。」杜甫詩

〔時狀〕　狀用、如「夕照明村樹。」顏眞卿詩

【二】處範　指示地位方向。

〔處名〕　名用、通名如「如在其上。」中庸

〔處象〕　表用、動象如「上其手。」左傳

象用、如「上壽百歲。」莊子此先副法「王坐于堂上。」孟子此後附法

（處狀）　狀用、如「君子上達。」論語

【二】數範　指示數第量程。

（數名）　名用、標名如「聞一以知十。」論語

（數象）　表用、動象如「孰能一之、」孟子靜象如「及其成功一也。」中庸

象用、如「一人定國」大學此先副法「賜之彤弓一。」左傳此後附法

（數狀）　狀用、如「文王一怒而安天下之民。」孟子

（一）定數

（1）計數　計事物之數。

（2）序數　第事物之序。如「蕭何第一、曹參次之。」史記

（3）約數　卽分數、先母、後子、或參「之」字、或參、他字、以限、制子、數、如「三分天下有其二。」論

(二)泛數

(1)餘泛　餘數不定、如「千有餘里。」孟子

(2)全泛　全數不定、如「年長以倍。」禮記

【四】指範　限別事物、及其動靜。

(一)特指　指注意之事物、辨其位置。

(指代)　名用、如「此何術也」史記此近指　「息壤在彼。」秦策此遠指

(指象)　象用、如「此人親驚吾馬」漢書此近指　「廣身自射彼三人者。」史記此遠指

(指狀)　狀用、如「天何為而此醉。」庾信哀江南賦

(二)返指　指主詞、自身。

(指象)　象用、如「紅陽侯立太后親弟。」漢書

（指狀）狀用，如「此人親驚吾馬」漢書此自指用「膏火自煎也。」莊子此自反用

（三）互指　指主詞之交互或更迭。

（指狀）狀用，如「互抱超馬腳。」漢書

（四）逐指　指各別分成一事。

（指象）象用，如「每事問。」論語

（指狀）狀用，如「伯宗每朝。」左傳

（五）統指　指共同合成一事。

（指象）象用，如「惟善人能受盡言。」國語

（指狀）狀用，如「一坐盡傾。」史語

（六）他指　指此外事物。

（指代）名用，如「王顧左右而言他。」孟子

（指象）象用、如「子不我思、豈無他人。」詩鄭風褰裳

（指狀）狀用、如「使沛公項羽別攻城陽」史記

（七）泛指　指不定人、物。

（指代）名用、如「或謂孔子曰。」論語

（指象）象用、如「有人于此」孟子金兆梓國文法之研究稱有字是指詞爲或字之通借「施于有政。」論語陳承澤國文法草創稱語助象詞按西文冠詞

（指狀）狀用、如「曹人或夢衆君子立于社宮而謀亡曹」左傳「日有食之。」春秋亦斷狀

（八）疑指　指所、未、知。

（指代）名用、如「諸將云何。」漢書

（指象）表用、如「元年者何。」公羊傳

象用、如「是誠何心哉。」孟子

（指狀）狀用、如「吾何修而可以比于先王觀也。」孟子

第六章　聯字 即介字與連字

第一節　聯字之分類

虛字、用以聯、句、中、繫、思、雜、事、使、生、關、係、者、曰聯字。

【一】介詞　表詞、讀、間、主、屬、關、係而介、成、屬、狀、者、曰介字。

（一）緣介　介時、處、事、物、與人、之關、係、多相詞轉。

（1）動介　表行動情景。

（Ⅰ）從介　「有一人從橋下走出」史記

（Ⅱ）歷介　「經時不久滅六暴强」秦嶧山碑

（Ⅲ）依介　「東郭先生旁車言」史記

「候遵辭時，突入見遵母」漢書

「果言如朱家指」史記

(Ⅲ)向介　「餘虜走向落川，復相屯結」後漢書

(Ⅴ)至介　「至日中蚡不來」漢書

(2)範介　表確定範圍。

(Ⅰ)在介　「子在齊聞韶」論語

(Ⅱ)盡介　「賊悉衆赴之」後漢書

(Ⅲ)達介　「方今天下，舍我其誰哉」孟子

(Ⅲ)任介　「事無大小，因顯白決」漢書

(二)本介　本屬介詞，非由動轉。

(1)轉介　專附，對象，如「快于心。」後漢書

國文法句式舉例　五〇

(2)比介　可附、比、象、如「君子之交淡若水。」莊子

(3)司介　介事、物、原、因、及、動、作、方、法。

(Ⅰ)因介　「因此怒」史記

(Ⅱ)爲介

(代介)「臣爲韓王送沛公」史記

(受介)「不爲酒困」論語

(Ⅲ)以介

(用介)「醒、以戈逐子犯」左傳

(率介)「管子以其君霸」孟子

(Ⅲ)與介

(係介)「秦之與魏譬如人有腹心之疾」史記助之

（共介）「孟子獨不與驩言」孟子

【二】連詞　表詞讀間衡分關係或連成承轉推宕者曰連字。

（一）衡連　多連下句。

（1）並連　無分主屬。

〔I〕平連　連等價之詞讀。

（等舉）「子罕言利與命與仁」論語之「與」字。

（分舉）「黃帝且戰且學仙」漢書之「且」字。

〔II〕進連　由對比推進一層有自無可逃之意或以前文證後事之不可能。

（直進）「方存乎見少又奚以自多」莊子之「方」時狀「又」平連可附詰狀字。

（撇進）「非徒無益、而又害之」孟子之「非徒」斷量狀合「而又」平連字。

（2）承連　承接、上、下、文使生、關、係。

（Ⅰ）遞承　連表詞或副屬用。兼承轉意

（參遞）兩事、過、遞、時間文氣、綴、者、如「學而時習之」論語之「而」字。

（屬遞）襯連屬狀、「以」「而」慣例。

（狀態）「微服而過宋」孟子

（時狀）「久而敬之」論語

（處狀）「千里而見王」孟子

（事狀）「諸侯悉師以復伐鄭」左傳

（指狀）「奚而不知也」孟子

（II）直承　順事、效、若勢之序。以則字爲例

（感效）「財散則民聚」禮大學

（因勢）「行有餘力、則以學文」論語

（分指）「弟子入則孝、出則弟」論語

（III）旁承　上文辭、氣畢、而後事、可類舉者。

（類及）「諸將易得耳、至如信國士無雙」史記

（殊及）「至于犬馬皆能有養」論語

（III）頂承　頂承、上文、重推、一誼更進、一解、用于起語、又曰提連。

如「夫國君好仁、天下無敵」孟子之「夫」字。

（V）中承　承上、中下、推、求事、理、以爲立、論、之地。

國文法句式舉例　五三

國文法句式舉例　五四

（申因）「孔子罕稱命，蓋難言之也」史記之「蓋」字，屬句亦用因介。

（申果）「求也退故進之，由也兼人故退之」論語之「故」字。主句

（VI）結承　事理，以推，證，而見，異，同。

（推斷）「此天下之通義也」孟子之「此」字。

（證釋）「百仞之山任負車登，焉何則，陵遲故也」荀子

（反詰）「然則廢釁鐘與」孟子之「然則」字。

（3）轉連　前，後，故，生，轉，折。

（I）重轉　反，上，文，事，理，而，轉，申，一，說。

（重）「陳平智有餘，然難以獨任」漢書之「然」承上一頓，下文挺轉字。

（輕）「璧則猶是也，而馬齒加長矣」穀梁傳之「而」字。

（II）輕轉　單，舉，所，反，一，端。

〔直〕「公幹有逸氣、但未遒耳」魏志之「但」字。

〔比〕「子皙信美矣、抑子南夫也」左傳之「抑」字。

〔婉〕「彼非不愛其弟、顧有所不能忍者也」史記之「顧」（轉念及此有迴顧往復之態）字。

〔Ⅲ〕急轉　消前、轉後、以見意外、與無奈、如「不見子都、乃見狂且」詩經之「乃」字。

〔IIII〕激轉　由較量、反激、而轉其情、更不待言。

〔退〕退後一步、言、如「白圭之玷、尚可磨也、斯言之玷不可為也」詩經之「尚」字。

〔進〕轉進一層、言、如「一夫不可狃、況國乎」左傳之「況」字。

〔兼〕先從低一層說、後再跌入、有勢、如「管仲且猶不可

國文法句式舉例　五六

召、而況不爲管仲者乎」孟子之「且猶」「而況」字。

（V）撇轉　撇開、前文進商、後事、含選擇、之意、如「請問黃帝人耶、抑非人耶」大戴記之「抑」字。兩商

（二）屬連　專連、屬用、之讀。

（1　設連　未有、是事、而推、想其、理、爲虛、擬之、辭。主句流承意狀

（I）推承　上推下承。

（正用）「如恥之、莫若師文王」孟子之「如」字。

（反逼）「借曰未知、亦既抱子」詩經之「借」字。

（II）推宕　設辭、一推雖字、一宕跌進、一步而後、折收、本意、如「果能此道矣、雖愚必明」禮記中庸之「果」推出「雖」宕一「必」跌進字。

(2)縱連　推、開、上、文、展、拓、他、意、文、勢、方、有、波、折。縱連領讀必俟轉連仍狀應合成句

(I)拓轉　一反一正、雖故寬其說而仍見不然、如「韓信雖爲布衣時、其志與衆異」史記之「雖」字。

(II)拓宕　一反兩正、後意、尤重、于前、如「且已在其位、縱愛身、奈辱朝廷何」史記之「縱」字。

(3)比連　比較、事、理、之、是、非、利、害、權、其、輕、重、以、決、從、違、如「與其奢也寧儉」論語之「與其」商句「寧」主句字。

【二】介用　于以爲與由五字外、皆他詞轉成。

第二節　聯字之轉成

(1)靜轉　「東郭先生旁東言」史記之「旁」字。

(2)動轉　「有一人從橋下走出」史記之「從」字。

(3)狀轉　「賊悉衆赴之」後漢書之「悉」字。

【二】連用　與而乃則雖字外、皆他詞轉成。

(1)名動　「求也退、故進之」論語之「故」字。

(2)靜轉　「心誠求之、雖不中、不遠矣」大學禮之「誠」字。

(3)動轉　「顧有所不能忍者也」史記之「顧」字。

(4)狀轉　「方存乎見少、又奚以自多」莊子之「又」字。

(5)指轉　「有財此有用」大學禮之「此」字。

(6)介轉　「戎衆以無義」公羊傳之「以」字。

(7)感轉　「求之與抑與之與」論語之「抑」字。噫意同原

第三節　聯字之用法

【一】屬狀用例

（一）介屬詞用

（1）提用　「于周室、我爲長」左傳句　式六

（2）副用　「其于長者薄」史記句　式七

（3）附用　「金重于羽」孟子句　式八

「鄭伯克段于鄢」春秋句　式九

「王如施仁政于民」孟子句　式十

（二）介屬讀用

（1）副用　「天不爲人之惡寒而輟其冬」漢書

（2）附用　「然則一羽之不舉、爲不用力焉」孟子

（三）變用

（1）蒙屬　副屬提用。

國文法句式舉例

〔Ⅰ〕代副　原次塡代、如「以此攻城。」左傳

〔Ⅱ〕空副　原次竟空、如「陳涉起山東使者以聞」史記句十一

〔Ⅲ〕狀空　空副加狀、如「趙王之所爲客輒以報臣」史記

(2)倒屬　先屬、後介、如「詩以道志。」莊子

六〇

【二】聯字用例

〔一〕獨用法

(1)連詞　「美而豔」左傳

(2)連辭　「以管子之聖而隰明之智」韓非說林

(3)連讀　「其患在豎牛之餓叔孫而江乙之說荆俗也」韓非內儲

〔二〕複合法

(1)重連　「然則小固不可以敵大」孟子之「然則」字。

(2)副連　「是故君子先愼乎德」禮大學之「是故」字。

(3)副介　「不如逃之」左傳之「不如」字。

〔三〕呼應法

(1)本句　「或默或語」易繫平連「非君而誰」左傳遞承「不缺則折」賈誼政事疏擬轉

「雖愚必明」禮中庸縱連「胥缺無濫」比連

(2)分讀　「非徒無益、而又害之」孟子進逆之「非徒」「而又」字。

「以歡之家、而主猶績」周語遞承之「以」就介「而」字。

「若于齊、則未有處也」孟子旁承之「若」「則」字。

「困獸猶鬥、況國相乎」左傳激轉之「猶」「況」字。

「不莊以涖之、則民不敬」論語擬轉之「不」「則」字。選擇相消

「不入虎穴、焉得虎子」非則起承法非不起合法之「不」達介「焉」副狀字。

範圍

「如用之，則吾從先進」論語設連之「如」「則」字。

「就與孫劉不平，不過令吾不作三公而已」魏志縱連之「就」「不過」字。

「與其殺不辜，寧失不經」尚書指合係介之「與其」「寧」字。

（3）三層　「果能此道矣，雖愚必明」禮中庸之「果」「雖」「必」三字。

第四節　真介詞真連詞

虛字、無誼、故真介詞如「于」「爲」「由」真連詞如「而」「則」「雖」兼詞如「與」「以」諸字、僅示一種、關係、限制、表相、或句讀。古籍每省略不用，亦無損意誼，如「微雨自東來」句，可省作「微雨東來」。

又合有誼字。複用而不嫌贅，如「與子同行」「魚在于藻」詩並

真介詞汎用表

本用＼汎用	轉介	爲介	以介	介
從	☼			
歷	☼			
依	☼		☼	
向	☼			☼
至	☼		☼	
在	☼		☼	
轉	☼			
比	☼			
因		☼	☼	
代	☼	☼		☼
受	☼	☼		
用	☼		☼	☼
率			☼	
共		☼	☼	☼
係	☼		☼	☼

連詞汎用表

	則	乃	而	與
平連			☼	☼
遞承			☼	
直承	☼	☼	☼	
旁承		☼		
申承	☼	☼		
重轉	☼	☼	☼	
撇轉	☼			
設連	☼			
比連				☼

國文法句式舉例

如	☼	☼		☼		☼		☼	☼
若	☼	☼		☼				☼	
以	☼	☼	☼		☼				

結承舉例

六四

第五節　聯字之句法

【一】介詞句法

（一）緣屬句　緣介（相副轉）遞承（來時狀轉）用法、如「孔子時其亡也、而往拜之。」論語

（二）範圍句　屬讀範限主句。

（1）內範　屬用限冀狀、如「君第重射、臣能令君勝、」史記

（2）外範　屬用違介。（弗狀轉）

（I）正用　「非此母不能生此子」史記

〔II〕疊用

〔慣例〕先設讀、次範屬、後承句。承設可省其一、如「若要人不知、除非己莫爲。」（除非互重同號爲正）

〔轉例〕主先屬後、如「要相逢、不能彀、除非是夢裏相會略聚首。」（琵琶記今歐化語體屬先主後）

(3)無範　屬用任介、如「事無大小、因顯白決。」漢書

〔三〕比較句　比介（比狀轉）比連（詰狀轉）用法。

(1)直比　屬用比介。

〔I〕類比「公子立自責、似若無所容者」史記

〔II〕勝比「與君一夕話、勝讀十年書」

(2)商比　屬用係介、主用差比。（詰狀轉副）

〔Ⅰ〕主先　「不如逃之，……與其及也」左傳

〔Ⅱ〕主後　「與其奢也甯儉」論語

〔四〕原因句　因介申承用法。

(1)申因

〔Ⅰ〕屬先　敘述、先引、如「天不爲人之惡寒而輟其冬。」漢書

〔Ⅰ〕屬後　決斷、後置、如「然則一羽之不舉、爲不用力焉。」孟子

(2)申果　「有人之形、故羣于人」莊子

【二】連詞句法　例備前不贅。

〔一〕平列句　卽並連多時狀數狀轉用法。

〔二〕承接句　卽承連多時狀指狀轉用法。

〔三〕轉折句　卽轉連轉狀或量狀轉用法。

（四）兩商句　即撇轉（冀狀亦輕轉轉）用法。

（五）假設句　即設連（多事狀轉）用法。

（六）推宕句　即縱連（有動詞轉）用法。

第七章　助字

第一節　助字之分類

虛字、用以襯詞、辭、煞句、讀、抒情、態、傳吻、勢、者、曰助詞。（範狀並用時省助而誼無損）

【一】決助　指叙事實。

（一）指助　指物命事。

（1）實指　「君而不可、尙誰可者」（漢書）之「者」字。

（2）泛指　「彼何人斯」（周詩）之「斯」字。

（3）撇指　「前言戲之耳」（論語）之「耳」（限止）字。

（二）述助　陳理述聞。

（1）實情　「未能至、望見之焉」史記之「焉」字。持續性又案而不斷

（2）概聞　「其世姓官號可得而記云」漢書之「云」字。

（三）叙助　叙成事、必後效。

（1）無餘　「將去而歸爾」公羊傳之「爾」字。必然

（2）完成

〔已了〕「及諸、河則在舟中矣」左傳同時先事‖「而齊有其地矣」孟子往事

〔必了〕「吾將仕矣」論語等之「矣」字。

【二】詠助　表舒情理。皆可詠歎

（一）斷助　決、是、非、斷可、否。

（1）滿足　「彼所謂豪傑之士也」孟子之「也」當然字。

「豈非以其富耶」史記之「耶」字。

（二）疑助　詢問反詰。

（1）有餘　「亦將有以利吾國乎」孟子之「乎」字。

（2）紓徐　「其志將以求食與」孟子之「與」字。

（三）揣助　揣度詠歎。

（1）奮發　「王如改諸、則必反予」孟子之「諸」字。

「不仁者可與言哉」孟子之「哉」字。

（2）安詳　「汝聞地籟、而未聞天籟夫」莊子之「夫」字。

【三】襯助　襯助詞間。

（一）象助　襯象名間、如「東割膏腴之地」漢書之「之」字。

（二）狀助　襯狀表間、如「若驪焉好逆使臣」左傳之「焉」字。

（三）繫助　襯讀之主表間、如「民之歸仁也、猶水之就下」孟子之「之」字。

「天所立大單于」史記之「所」字。

（四）表助　襯倒式表受間、如「除君之惡、惟力是視」左傳之「是」字。

第二節　助字之用法

【一】單用

（一）助詞

（1）名　「之人也」物莫之傷莊子

（2）靜　「大哉」聖人之道中庸禮

（3）動　然則曷爲不于「弒焉」貶公羊傳

（4）狀　「甚矣」吾衰也論語

（5）辭　「如琢如磨者」、自修也（大學禮）

（二）助讀

（1）名　婦「趙女也」、雅善鼓瑟（漢書）

（2）象　請益其車騎壯士、「可爲足下輔翼者」（史記）

（3）屬

〔緣屬〕「今事已濟矣」、蠡請從會稽之罰（越語往事）

「于其歸焉」、用事乎河（公羊傳前事未了後事隨起）

「及其更也」、民皆仰之（孟子並時）

〔比屬〕人之視己、「如見其肺肝然」（大學禮）

〔司屬〕大夫可歸、「爲棄去官家者」以避害（漢書僞飾）

（三）助句　不煩贅例。

【二】複用

（一）連助　同類結合。

（1）雙連

（決助）「可謂好學也已」論語

（詠助）「爲人由己，而由人乎哉」論語

（2）參連　「則千百年乃一人而已耳」史記

（二）合助　異類結合。

（1）雙合　「且得有此大也耶」莊子

（2）參合　「汝得人焉耳乎」論語

第三節　助字之句法

【一】敘斷句

（一）直陳　助事狀時狀。

（1）助狀詞

（Ⅰ）時狀　「今事已濟矣」越語

（Ⅱ）效狀　「舟中之指可掬也」史傳

（Ⅲ）決狀　「是類有以吾謀告之者」史記助是

「欲有謀焉、則就之」孟子助有

（Ⅳ）弗狀　「趙王獵耳、非爲寇也」史記助非

「仲尼之徒、無道桓文之事者」孟子助無

（2）助連詞

（Ⅰ）承連　「我欲仁、斯仁至矣」論語

（Ⅱ）轉連　「其爲人也孝弟、而好犯上者鮮矣」論語

(3)頓承轉　「今三川周室、天下之市朝「也、」而王不爭焉」秦策

(二)原故

(1)推原　「夫使孔子名布揚于天下者、子貢先後之也」史記

(2)言效　「故人樂有賢父兄也」孟子

(三)假設

(1)設先　「苟志于仁矣、無惡也」論語

(2)設後　「且虞能親于桓莊乎、其愛之也」左傳

(四)歷敘　「有民人焉、有社稷焉、何必讀書、然後爲學」論語

【二】佈臆句　向人傾佈胸臆。

(一)命戒

(1)命告　「汝可疾去矣」史記

(2)禁戒 「愼勿擾也」史記

(二)祈求 「請晉楚之從交相見也」左傳

(三)頌祝 「如松柏之茂、無不爾或承」周詩

(四)陳訴附提敘 「母也天只、不諒人只」詩附主格

「天乎、吾無罪」史記附呼格

「欲以言語取人、于予耶改之」戴禮副格

【三】詢商句

(一)擬議猶豫情狀

(1)量度 「雖有粟、吾得而食諸」論語

(2)懸揣 「有以相應也、若之何其無鬼邪。無以相應也、若之何其有鬼邪」莊子

（3）兩商　「不知周之夢爲蝴蝶與，蝴蝶之夢爲周與」莊子

（4）商比　「與我處畎畝之中，由是以樂堯舜之道，吾豈若使是君爲堯舜之君哉，吾豈若使是民爲堯舜之民哉，吾豈若于吾身親見之哉」孟子

（二）詢問

（1）疑詢

〔Ⅰ〕決　「孟子曰，許子必種粟而後食乎。曰，然。」

許子必織布而後衣乎。曰，否。」並孟子

〔Ⅱ〕解　「何如斯可謂之士矣」論語

（2）反詰　「奚以之九萬里而南爲」莊子並助疑狀

【四】詠歎句

（一）單用

（I）正「管仲晏子猶不足爲與」孟子句意正多用效狀仍狀伴弗狀

（II）反「而小弱顧能得之于强大乎」趙策句意反多用轉狀詰狀伴決狀

（1）襯詞

（韻文）「樂只君子、邦家之基」周詩

「已而已而、今之從政者殆而」論語

（散文）「惜乎、吾見其進也、未見其止也」論語

「微與、其嗟也可去、其謝也可食」禮檀弓

（2）煞句

（單句）「汝聞地籟而未聞天籟夫」莊子

國文法句式舉例

〔疊句〕「得其所哉，得其所哉」孟子

〔二〕複用「且得有此大也耶」莊子

助詞泛用表

	緣屬 敘斷	緣屬 陳述	比屬 擬度	司屬 僞飾	司屬 原故	讀 假設	佈臆 命戒	佈臆 呼格
者			*	*	*	*	*	
旃							*	
來							*	
軹								
止								
斯居其期								
焉	*	*	*			*		
然		*	*					
爲								
云		*						
矣	*					*	*	
也	*				*	*	*	*
耶								*
乎								*
與								
夫								
哉							*	
諸								

詠歎	詢問		擬議			
	反詰	疑詢	商比	兩商	懸揣	量度
※		爾				
只	※	※			※	
	※	※			※	
		※※※※			※※※※	
		※				
※		※			※	
※		※	※			
※		※	※	※	※	※
※	※	※		※		※
※	※	※		※	※	※
※	※	※		※		※
※		※				※
※	※	※		※		※
※		※		※	※	※

第八章　感字

凡虛字獨用以鳴心中感發之聲者曰感字。

【一】激感

（一）贊美　「於戲前王不忘」大學引詩

（二）驚訝　「武帝下車泣曰、嚄、大姊、何藏之深也」史記

（三）厭惡　「惡、是何言也」孟子

（四）傷痛　「唉、孺子不足與謀」史記

（五）憂憤　「嗟乎、一人固不能獨立」史記

（六）鄙斥　「齊威王勃然怒曰、叱嗟、爾母婢也」趙策

【二】應感

（一）同感　「孔子曰、諾、吾將仕矣」論語

（二）反感　「王曰、否、吾何快于是」孟子

（三）疑感　「余嘗爲汝妄言之、汝以妄聽之、奚」莊子

第九章　文位

第一節　主詞

主詞者、發表思想時、所念事物之本體、即句中主次也。體詞爲常、亦用相副。

(一)體詞

(1)實名　「月明」「星稀」曹操短歌行之「月」「星」字。

(2)代名　「予與爾言」論語之「予」字。

(二)相詞

(1)動名　「動植一時好」白居易詩之「動」「植」隸通名字。

(2)靜名　「兵不血刃、遠邇來服」荀子之「遠」「邇」隸通名字。

(三)副詞

(1)狀名　「天之蒼蒼、其正色邪」莊子之「蒼蒼」隸通名字。

(2)指名　「此何術也」史記之此字、

「一生二、二生三、三生萬物」老子之「一」「二」「三」字。

（四）主辭　「凡溢之類也妄」（莊子）之「凡溢之類也」。

（五）主讀　別詳。

第二節　表詞

表詞、即所、表述事、物、之現象、相詞主之、間用體副。

（一）相詞

（1）動象　「鳶飛」「魚躍」之「飛」「躍」字。

（2）靜象　「花好」「月圓」之「好」「圓」字。

（二）體詞

（1）名詞　「戎狄豺狼」（左傳）之「豺狼」（靜象）字。又用斷狀如「子非魚」用決助如「制巖邑也」

「船人疑其有金、目之」（史記）之「目」（動象）字。

（2）代詞　「且也相與吾之耳矣」（莊子）之「吾」字。

(三)副詞

(1)指詞　「道二」「孰能一之」孟子並之「二」「一」字。

(2)狀詞　「公等錄錄」史記之「錄錄」狀字。「雍之言然」論語「河東凶亦然」孟子之「然」斷狀字。

(四)表辭　「同爲公族大夫而不相能」左傳之「不相能」。

(五)表讀　別詳。

第三節　受詞

受詞、附他動詞後、之體詞、爲其、勢力、所及者、常也、亦用相副。

(一)體詞

(1)實名　「田生已得金」史記之「金」字。

(2)代名　「吾語汝」孝經之「汝」字。

（二）相詞

（1）動名　「此惟救死而恐不贍」論語之「死」字。

（2）靜名　「不患貧而患不安」論語之「貧」字。

（三）副詞

（1）狀名　「人又誰能以身之察察、受物之汶汶者乎」楚詞之「汶汶」字。

（2）指名　「聞一以知十」論語之「一」「十」字。

（四）受辭　「不知所以裁之」論語之「所以裁之」。

（五）承讀　別詳。

第四節　屬詞

句備、表、受、而意、有、申、述、則綴、屬、詞、其、下、足成、其、誼。

（一）體詞

（1）屬受　轉動下之次受，如「秦不予趙城」史記之「城」字。

（2）屬詞

（主屬）自成動下，如「莊周夢爲蝴蝶」莊子之「蝴蝶」字。

（受屬）他成動下，如「聖人能以天下爲一家」禮運之「一家」字。

（3）屬狀　介屬下，如「王如施仁政于民」孟子之「民」字。

（二）相詞　卽承讀之表。

（1）靜象　情動下，如「孰謂微生高直」論語之「直」字。

（2）動象　轉動應動情動下，如「予助苗長矣」論語之「長」字。

（三）副詞

（1）狀詞　「孟嘗君怪其疾也」齊策之「疾」亦承讀之表字。

國文法句式舉例　八五

國文法句式舉例　八六

(2)指詞　「賜之彤弓一」左傳之「一」指象附用字。

第五節　虛實之辨

實字。。。有體相用、即用副可爲文位之主表受副、而虛字不能、然多泛用、此其辨也。

第六節　省用法

(一)省主　史籍、議論、概省、主詞、此華文所獨。

(1)默喻

(Ⅰ)泛指　道千乘之國章四句。論語

(Ⅱ)佈臆　「來、予與爾言」論語

(2)蒙上

(Ⅰ)貫句　「周公相武王、誅紂伐奄、三年討其君、驅飛廉于海隅而戮之、滅國者五十。」孟子複句排句同例

（Ⅱ）提貫　「夫顓臾（提冠）昔者先王以（提司）爲東蒙主，且在邦域之中矣」論語

（Ⅲ）雙蒙　「楚人爲食，吳人及之，（楚人奔，吳人食）而從之」左傳

（Ⅲ）重複　「大都不過三國之一，中五之一，小九之一」左傳

（3）承省

（Ⅰ）直接　下文主詞卽上文司詞，或受詞，且緊承者，可省。如「一繼室以聲子，生隱公」。左傳

（Ⅱ）間接　下文主詞卽上文受詞，間屬狀者，亦省。如「招虞人以弓，不進。」左傳

（二）省受

（1）默喻　由上下文得之，如「且是以不孝令也。」左傳指諸侯

(2)蒙上　「晉以衛之救鄭也，討焉」左傳

(三)省領　「斬單于大父行籍若侯產，生捕季父羅姑比」史記

(四)省表

(1)靜象　「善不善，本子義，不于愛」呂覽聽言

(2)內動　「躬自厚而薄責于人」論語

(3)外動

(Ⅰ)僅表　「上醫醫國，其次疾」管語

(Ⅱ)并受　「其鄭國實賴之，豈惟二三臣」左傳

(4)受動　「北宮伯子以愛人長者，而趙同以星氣幸」史記

第七節　攝用法

(一)象攝名

（1）靜象　「疾病則亂，吾從其治也」左傳指命

（2）領象　「齊人將築薛」左傳指城

（3）名象　「梓匠輪輿其志將以求食也」孟子指人

（二）狀攝表

（1）攝靜　「齊其庶幾乎」孟子指治平

（2）攝動　「趙孟辭，私于子產曰」左傳指說

（三）受攝表　「宋公不王」左傳指朝王即意動致動

（四）象狀兩攝　「道路以目」國語猶云道路之人相語以目

第十章　結論

第一節　字

表思想中單純意象者曰字有稱詞者不辨虛實

國文法句式舉例　八九

國文法句式舉例

（一）單字　止有一字、如「鳥」「飛」等字。

（二）複字　結合數字。

(1)音合　合成別表一誼。

（I）同音　二字全同讀音、如「浩浩」。

（II）雙聲　二字互同聲母、如「彷彿」。

（III）疊韻　二字互同韻母、如「逍遙」。

(2)誼合　各字仍取原誼。

（I）重誼　同字重言、如「日月」。

（II）同誼　類似二誼連用、如「栽培」。

（III）反誼　對待二誼連用、如「往來」。

第二節　辭

九〇

異詞、合成、一誼、者、曰辭。

（一）辭之結合

（1）兩名合

（I）由上定下例　如「字典」以功用言「石硯」以品質言

（II）用下輔上例　如「湖邊」以方位言「雨絲。」以形狀言

（2）靜名合

（I）上靜下名例　如「白馬」。

（II）上名下靜例　如「橘紅」。

（3）動名合

（I）上動下名例　如「招牌」。

（II）上名下動例　如「麵包」。

(4)狀象合

〔I〕上狀下動例　如「新聞」。

〔II〕上狀下靜例　如「至善」。

〔二〕辭之用法

(1)名用　陽貨欲見孔子、而惡「無禮」孟子

(2)象用　潁考叔「純孝也」左傳

(3)狀用　「松柏之下」、其草不殖左傳

第三節　讀

體相、二念、雖備、而意、未盡、僅爲、複句、之偏、分者、曰讀。

【一】詞用之讀

〔一〕名讀　讀當名用。

（1）主讀　「鳥獸之害人者」消孟子

（2）表讀　此「吾所以取天下也」史記

（3）承讀　丑見「王之敬子也」孟子

（4）屬讀

〔靜下〕　王無異于「百姓之以王爲愛也」孟子即轉屬

〔動下〕　帝告我「晉國且世衰」史記

（二）象讀　讀當象用。

（1）本象

〔副象〕　「仲子所居」之室、伯夷之所築與孟子

〔附象〕　賜我南鄙之由、「狐狸所居」、「豺狼所嗥」左傳

（2）領象　臣願得「笑臣者」頭史記

（三）狀讀一　讀當狀用。

（1）本狀

（態狀）乃祖吾離「被苦蓋」、「蒙荊棘」、以來歸我先君 左傳

（處狀）「居是邦也」、事其大夫之賢者、友其士之仁者 論語

（時狀）「宋殤公之卽位也」、公子馮出奔鄭 左傳

（事狀）漢王「食乏」恐 史記

【二】屬用之讀

（一）狀讀二

（2）屬狀

（緣屬）比「其反也」、則凍餒其妻子 孟子

（範屬）若要人不知、除非「己莫爲」 熟語

（比屬）　民之歸仁也、猶「水之就下」孟子

（司屬）　告子未嘗知義、以「其外之也」孟子 因果

（附注）　凡有助詞「所」象讀「之」「者」名詞讀等字、皆作讀用、「也」字句讀兩用。

連詞「而」「以」「則」等字、常參屬狀表詞間。

提副附三種用法、備狀讀二例中。

（二）設讀　「苟有用我者」、吾其爲東周乎論語

（三）拓讀　「縱彼不言」、我獨無愧于心乎史記

【三】衡用之讀　無連詞者不舉。

（一）並讀　「非獨政能也」、「乃其姊亦烈女也」史記

（二）承讀　「工師得大木」、則王喜」孟子

〔三〕轉讀

(1)轉折　「人莫知其處」「獨籍知之耳」史記

(2)激進　「管仲且猶不可召，」「而況不爲管仲者乎」孟子

(3)兩商　「伯夷之所築與，」「抑亦盜跖之所築與」孟子

第四節　句

意、全而、語、已、絕、曰句。

【一】單句　不必含讀。亦有主讀

〔一〕複主　一表數主。

(1)無連詞　「韓趙魏燕齊帥匈奴共擊秦」史記

(2)用連詞　「予及汝偕亡」尚書

〔二〕複受　一表數受。

(1)無連詞　「爭事齊楚」史記

(2)用連詞　「子罕言利與命與仁」論語

(三)複表　一主數表。

(1)無連詞　「兵之所貴者、勢利也」新序靜象

「齊伐取我隆」史記動象

(2)用連詞

(Ⅰ)平連　「黃帝且戰且學仙」漢書

(Ⅱ)承連　「學而時習之」論語

(Ⅲ)轉連　「陳平智有餘、然難以獨任」漢書

(Ⅳ)商連　「黃帝人耶、抑非人耶」大戴記

(四)複副　複象狀之同類者、方用連詞。

（1）複象　「願取吳王若將軍頭」以報父之仇史記

（2）複狀　「其以軍若城邑降者」史記

【二】複句　有一讀至數讀。

（一）詞用之讀

（二）屬用之讀

（三）衡用之讀

（注）均見讀節。

國文法附表

象詞分類表

綱	類	項目	屬	例
靜象	表象	性象	性系	堅韌剛柔……
				善惡良窳智愚靈蠢……
			德系	仁孝義慈……
		形象	形系	長短闊狹厚薄粗細大小方圓……
			體系	輕重多寡遠近高底深淺……
				縱橫廣袤……
		感象	感系	美醜（姿）紅白（色）抑揚（聲）甘鹹（味）香臭（氣）温
				涼滑膩（觸）……
			態系	清濁榮枯……

分類表 一

分類表　二

動象	比象	度象	程系	長幼孟季……
			度系	利銳上下……
		（由表象轉）		
	內動	自動	體動 固定	生死休息睡眠宿居坐棲立止住定停
				連離聳照積隱顯……
			流續	往來飛行趨走逃跳喘鳴吹伸
				墜落昇起沈搖散開……
			事動	仕止進退……
		緣動	緣處	在去出入反歸寄寓棲次放過歷適如之至詣赴造遵循溯沿注浪
				游流渡涉濟……
			緣物	依據乘騎……
	外動	他動	施動	取採摘抱提攜負荷種耕
				織編構製造作擊殺踐踏飲食歌讀寫送……

分類表 三

- 驗動
  - 觀看視瞻窺察閱見
  - 聽聞臭舐嘗試辨知
  - 思想感覺念記憶忘……
- 態動
  - 存置儲藏繼結聚懸掛
  - 疊積黏掛留隔充含……
- 轉動
  - 予系：予與賚授償賞賜錫貽遺獻贈寄繳
  - 奪系：奪罰……
  - 負系：負貰……
  - 傳系：傳教示告訴述……
  - 受系：受學……
  - （轉）
- 應動
  - 使系：喚召使遣命令請託勸囑……
  - 禁系：禁拒阻劾……
  - 允系：允許可核……

分類表　四

狀詞分類表

效動			宥系	宥赦釋免…………（轉）
	情動	衷情		遜慚愧作…………
		感情		愛惡憂慮恐懼哀矜憐惜忿怒妒忌怨恨希欲願望…………
		表情		贊許佩服批評笑訕咒詛…………
	成動	認定	謂動	謂爲命名號論云言稱叫…………
			以動	以爲認當…………
		變更	用動	用任徵拜立擢調遷徙免…………
			變動	變改化分合成…………
	同動	比擬		似類…………
		所有		有無…………

分類表 五

綱	類	項	目	屬	文屬狀不列	語屬狀附入
範狀	時狀	往時	最遠	溯狀	○初始 ○前故曩嚮（鄉向） 向	當初、起首（起初．起先） 從前（以前、先前）
				先狀	先 ○夙早（蚤） 前豫	早已、早就 豫先
				宿狀	○宿素雅 ○本初故（固）	素來（向來、一向）素昔 本來、從來、原來
			較近	已狀	○已既業	已經（已然、業已、業經）既然（既經）
				曾狀	○曾嘗	曾經（也曾）
			最近	乍狀	乍（作）初乃（迺）甫 ○屬識（識） 才（裁哉財）	剛（剛剛、剛才、剛乃） 方才（纔）

分類表　六

現時		現狀	見○今時	現在・如今(予今・現今)此刻(這會兒)
				至今
		會狀	正○屬適	正在(在、正、正待)恰(恰巧、恰好)
來時	最近	即狀	即○(則輒)便○今時 遂肆因回 乃(仍)而始若然	就(這就、說就) 這才、那末
		幾狀	幾垂汔近	將近
	較遠	將狀	將○且行方欲爲其	將要(快要)正要、就要
		旋狀	旋(還)尋隨○從	隨即
			繼嗣○既已俄(蛾)	往後(隨後、嗣後、以後)
	最遠	後狀	後○後晚	後來、將來
				從此(此後、從此而後)

分類表 七

泛時	竟狀	終○卒遂竟○歸	究竟（畢竟）終究（終歸、終于）
		末○	末了、早晚
		迄（訖）	到底
	久狀	久○長恆永○常正	永遠（永久）長久、始終、老（老是）
		時○常	常常（時常）時時（隨時）
		閒	平常（尋常）
	漸狀	漸○寖浸轉益日	漸漸地
		徐	慢（慢慢、慢些、慢點）從容、緩緩地
	暫狀 暫系	暫○（蹔）	暫時（暫且、權且、權時）
		姑（固）苟○且	姑且
		聊○憖	聊且
	立系	立○	立刻（立卽、隨卽、卽刻）
		頓登	不久、一時（一會兒）
		臨○	臨時

分類表　八

	遽狀	遽急（亟）趣疾速。	快（快快、快些、快點）趕緊（趕快、上緊）
	倏狀	倏（儵）欻忽突暴。乍。卒（猝）暫猥	忽然（突然、陡然、猛然、猛）一旦、冷不防
	偶狀	偶。時	偶然 有時、間或
	暇狀	暇遑（皇）	
數狀 計狀	始狀	一（壹）。首始初哉	一次、一趟、（一盪）一回、一番、一度、一遍 第一次
	再狀	再。又。（有或）。復更（尚） 亦。矧	仍復 也
	屢狀	屢。（婁數）迍歷累亟彌比 頻。荐（薦） 輒。動	屢次（屢屢、往往）幾次（多回）再三 動輒（行動、動不動）

分類表 九

度狀	約狀	約○率盧計○ 幾○近將且可	大約（約略、大概、巧了） 幾乎、差不多、彷彿（似乎、好像）
	比狀 差比	略○微末稍少（小）裁纔（惝粗） 差○尚	略微（稍微）一點兒、有幾分、一半、多半、
	類比	等○均（鈞）猶 類猶宛（由因）似○如○若（奈） 宛	一樣、（一般）似的（似地）等于 像（像是、好像、好像是）猶如（好似）
	勝比	尤○愈○（俞逾）益 更○彌滋（玆）況（兄）倍○加 較○	越（越發、益發、一發）尤其 更加（更見）加倍『些』、多、一點、幾倍 較爲（比較地）
	泛比	頗○甚雅良重痛孔	滿（漫）很、十分、非常、格外、了不得
	極比	最○至（致）極○劇奇酷深絕 殊○特	極其、頂挺、第一、儘 絕對的、特別

分類表　一〇

	過比	過。己（以）泰（太。）	過于、忒
量狀 僅狀	獨系	獨。專	單、（單單）
	僅系	僅。（勵廑堇）劣 獨特但。（亶）徒直才（裁 財在纔取） 啻（翅適）。止（禔祇。）多 唯（惟）亦乃（迺）假	僅僅 只、不過、光、就
	偏系	偏。頗	
全狀	兼系	兼。並。（幷。）	一並、（併、）一起、一塊兒
	全系	全。並。（幷方）偏備具盡悉。 索既 專一（壹） 勝	完全（全體）盡數　儘兼時 一概（一切）
		總。最都凡要	總觀偏主

分類表 二

類	細目	單字	複詞
實狀		眞○情○誠信詢審允良；佯(詳)謬(繆)；虛偽(爲)詭(誑)	實在(其實)眞正(眞是)
		確○	確實(的確)
勢狀		必○定○決○斷○固	必然(必定)一定、決定(決計)斷然(斷乎)；準(一準、定準)
	自	自○	自然、不用說(不消說)、即(就)；只好(只得)
宜狀		宜○應○當○合中職將如；忘橫詭濫	當然、(理當)應該(應得、應當)
		須○務○得○可容(庸)	須要(須得)務必；「才好(才對、才是、才行)」就是(就得)便了
果狀	合豫期	果○	果然(果眞)居然
	出意料	竟○；虛空徒但(亶)	竟然
事狀			
意狀			

分類表

類		文言	白話
情狀	效狀	能○（而）將	能彀、會
		可○得容	可以、不妨（何妨）
		足○克堪任勝	彀（夠、足以）配
	願狀	願○甯肯忍○	願意
		欲○	要、想、打算
		敢○試○嘗	敢情（敢則）豈料本來如此
		屑○直○	簡直、儘管、橫豎（反正、紅黑、左右）索性
			也罷、得（得了）
	特狀	特○（直）	特地（特意）
		故	故意、有心
	揣狀	或○有（又）若脫儻（黨）	許（或許、或者、容或）
		容	
		蓋　殆危庸宜其將	怕（恐怕）

分類表　一三

冀狀		幸唯庶	幸虧（幸而、多虧、虧）
		尚（上）苟其（豈）	好在
	範	但（第地）	只要（只消、只索、但須）
轉狀		反○還顧（固姑）	反而　倒（到、倒反）
		乃○（能）甯徒曾僭　獨	可（却）
		偏	偏偏（偏要、偏却）
仍狀		仍○	仍舊（仍然）也（依然）
		尚猶（由）	還（還是）
		尚猶且	尚且
斷狀　決狀	是系	是○實然○○係（緊伊）	對、不錯
		乃○卽（則）斯	乃是、就是（便是）
		爲○（謂）曰（云爰）維（惟雖）	算（算是）　做、成
	有系	有○（又攸）爲云	

類	弗狀	非系	無系	毋系	未系	不系
文	非	☆○	☆			☆
	匪	☆				☆
	無	☆	☆○	☆	☆	☆
	亡		☆			☆
	毋		☆	☆		☆
	勿			☆○		☆
	微	☆				☆
	未				☆○	☆
	末		☆	☆	☆	
	莫		☆	☆○		☆
	靡					☆
	蔑		☆			☆
	罔		☆	☆		☆
	曼		☆			
	不	☆	☆	☆	☆	☆
語		不是、不見得	沒有、欠	休(別、不要)不可(不許)	不曾、沒	

類	詰狀
文	豈○不詎(渠鉅距巨成)幾 乃甯庸(容)
語	豈有(那有、那裏、那) 還、難道「不成 無乃(莫不、怕不)

指詞分類表

類	項目	屬	文	通俗	語
時範	時期過去最遠		古 昔	上古、古者 往昔、昔者、在昔、昔歲	

分類表

類	目	細目	單字	複詞	備注
處範	方位		中旁內外上下前後左右		襯「方」「面」「邊」「頭」等
	方所		端隅（角）邊央底面表裏 末稍涯際畔間		
	時候		春夏寒暑序季節閏臘 晦朔弦望 朝夕（旦晚宵夜晨昏曉暮） 午昕晡瞖瞑		
	時間		世代紀載朞年月日旬時刻分秒		
		未來	後	後日、後世、後來、他年、異時、屆時	
		現在	今	今時、今世、當今、方今、間者、日者	
		泛然	當	當昔、當時、當年、當日	
		最近	頃 昨	頃年、頃者、近歲、近者、比者 昨日、先時	
		較近	往	向者、曩者、往歲、往者	

分類表

一六

			東西南北	字合方位方所成複詞如「底下」「旁邊」「中央」、（中間、當中、居中）」
數範	數計	計數 定數	一十百千萬億兆	
		泛數	倍半全幾多（庶諸衆）少（尠鮮罕）餘（許所）些	如「過半」「居多」
		序數	序第其（下加定數）次	或以定數爲名詞上
		約數	（先叙分母後叙分子）	
	數量	容名	（盛器類名轉）	
		量名 度系	丈尺寸分	
		量系	石斛斗升	
		衡系	鈞鎰兩銖	
		測系	里步畝頃	
		圜系	枚文緡貫	

分類表 一七

範指				
實指	贅名		頜章足角	個枚朵株棵顆匹隻頭尾條桿莖枝管件張塊把 本間輛座位
	特指	近稱	此○茲之 斯（鮮）是（時寔）若（然）爾 （而）乃（鈞）已（以伊）焉	這 下加「個」單數「些」「些個」複數……人物 「樣」「般」「等」……事
		遠稱	彼○夫許 其厥之旃諸	那 「裏」「兒」「邊」……地 「麼」「們」如此 如彼……式
	返指		親○自身	自己（親自・親身）指主……再歸 指受……反身
	互指		互○交相○ 遞迭更轉（狀）	互相（交相）
	逐指		每○各○（副）	雙方（兩下裏）
	統指		夫凡○（象） 共○同○（狀） 皆（偕俱舉）既畢比 齊盡僉悉胥 並（併幷）方	大凡、一切、所有 共同（一同） 一起（一塊兒）大家 一齊 一並（一併）

分類表　一八

虛指

他指

他○（它）異
別○（另）自更

其他、其餘（此外的）
旁（旁的、別的）

泛指

有○某○或○

有的、有些　數複
（亦借用疑指）

疑指

何（號）〔胡〕曷〔害盍闔蓋〕奚那曾舍孰誰〔疇〕焉〔安惡烏〕

何系	誰系	盍系	那系	舍系
※	（象）			※
				※
				※
※		※		
		※		※
		※		
※				※
			※	
			※○	
				※○
※	※			
※	※○			
※	※		※	
※			※	
※			※	
			※	
甚（甚麼、什麼）……事物	那（那個、哪）……人物	不何	怎樣（怎麼、怎麼樣、怎麼的、怎麼着）如何……方法情形	怎（怎的、怎麼、做甚）幹嗎　爲何　故下以……原因

分類表

綱	類	項	目	詞	文詞附複	語詞多複辭
介詞	緣介	動介	從介	時	自○由○ 從○	自從（溯自）
				處	自由 道 因（以于）	打（打從、從打）
				事	自由（繇）	
				人	自由（繇）從道（導）因（于）	
						從歷連用
						起訖連用

一九

聯詞分類表

焉系 ※ ※ ※ ※ ※	那裏（那兒）處 何處 好遠 里數……處		
※	幾時（多偺，多早晚）多會兒 時期 好久、多久 時數……時		
幾系 幾	幾何（幾多）好多、多少、若干 象多（多麼、多少）好…… 狀詞 數詞		
會系 ※	可曾（可、却、阿）		

分類表　二〇

歷介	時	○經○歷〔連累〕彌頻比繼間隔及上追	
	處	○過道越及	
	事	○經	一經範圍向方法提屬
依介	時	○乘（趁）時（候）及因	趁
	處	○旁（傍並）披（陂坡）遂循緣（沿迤）	靠（依）挨着（沿着）順
	事	乘賴如以	依（憑、仗、靠）據、照（按、準、就）
	人	賴介于以用因	
向介	時	（鄉嚮）涉○往後先	『當』以前（之前）後時以後（之後）時先
	處	○向（鄉嚮）中	望（朝、衝、沖）上下
	事	對與	對于
	人	對與（于越）由（繇猷）于	
至介	時	○至○（到）之（作）及（暨）迄（訖）遲黎（梨犁）底投比	『得（的）』
	處	至（到）抵	在（于）
	事人物	之于（乎爰）以	
			等到（只等、一到）時同

分類表

二

介本				
轉介			于(乎與爲焉爲)	
比介	類比		若(肖若、有若)如(而如)似	同(如同、就如、猶如)比如(好比) 像(好像)似乎(好似) 像——似的、如——一樣、和——一般 等于(相當于、無異于)不下于(
範介	在介	時	在●(于乎°)以會(方)臨°(卽)當●(登)	(臨介相詞)値(正當)恰好
		處	在(于乎)焉諸 卽當	以——爲限 範圍句條件提屬
		事	于	
		人	于	
		物	諸	
	盡介	時	盡竟終	
		處	盡 空	
		人	悉 空	
	違介	處	違去 距°離°	背着
		事	違 舍無	除(除開、除是)除非(除非是)
		人	舍無°(亡非微)	除——外
	任介		任°無	無論(不論)不拘(不問、不管)憑(任憑)

分類表

勝比			賽過（賽似、勝過）強于、強如、比（比較）不讓于、不減于）
差比			不及、沒有、次于（差似）
司介	因介	因（以）爲（謂）維（唯惟）由（用 緣）坐	理由：上讀　因爲；下句　由于、原來 動機：爲—故〔之故、起見〕；爲的是、以便
爲介	代介	爲與于用代	替、幫、給
	受介	爲與於　任	被、由（隨）給（讓）叫（教）
以介	用介	以用將於（與）	把（拿）
	率介	以用將	
與介	共介	與〔以〕爲（謂）並（幷）暨隨從比	和（合、同）及（以及）跟（搭）
	係介	與（於那）　在（於）	
連詞 衡連 並連 平連	等與	與〔於越維〕〔爲之〕而〔如〕以及〔暨〕	（同共介）

分類表

三三

類	目	細目	文言	白話
承連	旁承	類及	乃〔乃、若〕。至〔至如、至。若、至於〕其	
	直承	事效	而（乃）以（因而、因以）	才（方、纔）還才、然後（而後）只得（只好）
		事勢／分指	則〔即 緩 咫枳 茲斯此是〕焉〔爰 庸〕安〔案 按〕	就（便）就此（從此）於是（於是乎、已而、既而）
	遞承		而（能）以（如若）	
進連	直進	對	方——又、既——又（而又。而復）可附 詰狀	既然——並且（也）、固然（尚且）——更
		申	甚至（甚而）乃至	甚至於（甚者）
	攙進		非徒——而又、非獨——亦（乃亦、即亦）；非惟（不非）——亦（雖亦）、豈惟——抑	不但（豈但）——而且（並且、也「就是也」）
	分舉		或（若如）且	或者——或者
			並且（而且）又（有攸）亦 加	並且、也、再（還）

分類表　二四

	殊及	若〔夫若〕。及〔及至、及其、及。夫、洎乎、如其〕	此外（此外如）說到（以言、以云）
頂承		夫〔以夫〕、且〔且以、且夫、且也〕、今〔今夫、今也〕　蓋依	
申承	申因	蓋　置後	
	申果	故。（是故、然故、以故。是以）、所以。（因以）因。（因以）　則（斯肆）乃茲致。（以致。致、致。）令、致使。	然此、因此（因而、為此）自然、那就（那麼）
結承	推斷	則此是〔是則、則是〕、然〔然則、然而〕	可見（可知、乃知）
	證釋　溯因　究詮	何。何則。何者。何也。何以故	為甚麼呢、為何呢、何以呢　何以見得呢、怎麼講呢
	申述	析。言之。換言之。簡言之。質。要之。總之	仔細講起來、換一句話說、簡單一句話說、總而言之

分類表 二五

舉例		如(例如、比如、譬如)	比方
反詰		然則、不亦、無乃	
轉連 重轉	重	然(然而、然則、然且、然乃) 而〔而獨、而乃、而迺、而或、而猶〕	倒〔倒是〕偏〔偏偏〕 獨是〔惟有〕
	輕	如乃(迺)則	却(却是) 可是
輕轉	單比婉	第(但獨特)惟 抑且 顧(而顧)	只是、不過 〔但是、惟獨〕
急轉		反(顧反、而反、而竟)乃 豈知(誰知、孰意) 不意(不思)	倒反〔反而〕偏巧〔偏生〕奈〔爭奈〕 豈料(那料、那想、那曉得) 不料(不想、想不到)
激轉	退	猶(尚)	還(尚且、猶且、已經)——何 況(況且「況且更」、)道難
	進	況〔而況、又況、況乎〕〔兄、皇〕矧	
	兼	猶〔尚、且猶〕——況〔而況、又況、況於〕	

分類表　二六

關連				
撇轉	兩商		意（抑、抑亦）且將甯 其（亡其、妄其、忘其）	還是（倒底）——還是
	相消	對舉	起承　非（不）—則（卽） 起合　非（不）—不　不—焉	不（不是）——就（就是）
		單舉	不然、否則	不然就
設連	推承		如（有如、比如）若（若使）	若是
			且猶爲云其 設（設或、設使）假（浸假、假設、假合假使、假如、假若）	要（要是）
			藉（借）卽（則）載自當（黨儻倘（倘若）倘）	
			鄉（鄉使、嚮使、向使）使（令） 誠（信）果（果使）苟（詎）	如果
	推宕		誠（信）果苟使令（假令、曩令）若夫	

類	目	屬	文	語
拓連	拓轉	事	雖（睢惟）（應句）雖 （應句）必可猶亦矣豈寧安焉烏儻	雖然（雖則）固然（固是）儘管、憑（任憑）
	拓宕	意	縱（縱令、從。）使）（從）（應句）獨奈若烏焉惡不過 即（就）。正自。（藉令、脫令）	縱然 就是（就使、就令）那怕（不怕）
比連	商比	主先	不如——與其、甯——無	
		主後	與（其）（與）——甯（不如、不若、豈若、孰若）	與其——甯可（還是、何如）

助詞分類表

類	目	屬	文	語
決助	指助	實指	者（諸）之（旃）（也者） 只（毘軹）止 哉（玆且）（只且、也且）	的 個語吳
		泛指	所（斯思些胥）	

分類表

二八

類			文言	語體
			居（其期忌）	罷（吧）波（啵）
			夫	
		撇指	爾（爾耳）（而已、耳矣、焉爾、焉耳、者耳）（而已耳、而已矣、而已也）（焉耳矣）	罷了、得了、就是（就是了）
			（可也、可已）	無僅狀限冀自勢
詠助	述助	宣情	焉（然） 爲弗作狀疑	的
詠助	叙助	概閒	云（員）（云爾、云爾已矣）	
詠助	叙助	無餘	爾（爾耳）乃（那）（乃爾、乃耳、爾耳、爾也、爾耶、爾乎）	呢、那（哪）
詠助	叙助		而　若如（乎而、乎已）	哩、咧（嘞）
詠助	叙助	完成	矣（已）（者矣、已矣、也已）（也已矣）	了、勒（嘞）
詠助	叙助	完成	來	啦、咯（囉）嘍
詠助	斷助	滿足	兮（猗也）（者也） （邪耶）（者耶、也耶）	啊（呵、呵） 呀（吓、唧、嗄）

感詞分願表

類	目	屬	文	語	注音
助	受助		之（其厥彼是實斯）或焉（爲曰云員于）來	被	
	繫助		之（其是爲）所蓋表繫者也焉主繫	是	
	狀助		之（諸者斯）焉（安然如若爾而（以巳矣）兮（猗也）乎（與哉）	地……	
	象助		之（其厥者只則斯胥）	的	
	揣助	安詳	夫（者夫、矣夫、巳夫、也夫）	罷（吧）波（啵）	
		奮發	諸　哉〔者哉、耳哉、矣哉、也哉〕〔乎哉、也乎哉、也與哉〕		
	疑助	有餘	乎〔未非無 不否〕〔否乎、矣乎、也乎、者乎、居乎〕〔爲乎、爲哉〕〔焉耳乎〕	嗎、麼	哇、嚜
		舒徐	于（與歟）（者與、也與）	喲　哪、啫　哦（嘔）	

分類表

激感　驚讚	於烏惡	呵、啊、呀、嗄、啞、呀 呵、啊、哦	ㄚ ㄛ
	猗與	阿呀 哦呀，阿呀 哦喲，喔唷，阿侑	ㄚㄧㄚ ㄛㄧㄚ ㄛㄧㄛ
	呼吁嘑嚱 嚇　夥頤，	哈、嗐 阿 喝、嘿	ㄏㄚ ㄏㄛ ㄏㄜ
	於乎（於戲，烏乎，嗚呼，嗚呼，烏虖，嗚虖，歔歔）	啊哈 哦呵，啊嚄，哦嚄	ㄚㄏㄚ ㄛㄏㄛ
傷痛	噫抑猗	唉	ㄧㄝ　ㄧㄝ ㄧㄚ
	俞於（女）	呦、喲、唷	ㄧㄡ　ㄧㄛ
	噫（意懿）抑已緊	嗳、哎、唉	ㄞ
		嗳呀，哎吓	

分類表 三一

		哎喲	
	嘻（譆熙）唉（誒）	咳、唉	ㄏㄞ
		咳呀	ㄏㄞㄧㄚ
	噫嘻	噯咳	ㄞㄏㄞ
	嗟（䰅嗟）猝嗟　咄嗟	啐	ㄘㄚ　ㄘㄨㄟ　ㄘㄜ
	嗞訾（呰）咨		ㄘㄞ
	叱　咤	唗	ㄊㄞ　ㄉㄡ
	咄		ㄉㄞ　ㄉㄛ
	嗟嗞（嗟茲，嗟子）嗞嗟 嗟乎 嗟茲乎（嗟茲乎，嗟子乎）嗟乎 子乎、子兮子兮		ㄘㄚㄏㄚ ㄘㄛㄏㄛ
	吁嗟（于嗟，于嗟乎）猗嗟		ㄚㄘㄚ ㄛㄘㄛ
憂憤	叱嗟，猝嗟，咄嗟		

分類表

應感	呼嘯	呵斥			ㄙㄩ、ㄕ　ㄒㄩ、ㄔ
		稱美	嘖嘖、唶		
		呼痛	嚳		
	反感	否認	咈　否	呸	ㄅㄚ　ㄆㄛ　ㄆㄟ　ㄆㄧ
		輕視		哼、亨	ㄏㄥ　鼻音
		反對	毋亡	呒	m
		不信		嗳。	ㄞ
	同感	呼應	唯	喂　嘿	ㄨㄟ　ㄏㄟ
			唯（應聲）	吙	ㄟ　ㄠ　ㄛ

分類表

疑感			
	余奚何舍曾誰疇		
認可	可		
敬諾	都 然	是吓 嘸、喳	ㄉㄚ ㄉㄛ ㄕㄧㄚ ㄓㄚ
允許	諾（近ㄥ）	哪	ㄋㄚ
招呼		喏 吶	ㄋㄛ ㄋㄜ
覺悟			ㄧㄚ 輕
理會			ㄇ
末晰			[illegible] 半鼻
女應	俞	有	ㄧㄛㄚ ㄡ ㄧㄧ ㄛㄚ

分類表

一三四

民國二十一年秋

有著作權

楊踐形編

國文法句式舉例

定價五角

實價國幣